KB073279

살라리아 가도

포르타
콜리나

근위병의 병영

0   500m   1km

0   0.5miles

퀴리날레
언덕

비미날레
언덕

수부라

트라야누스
목욕장

에스퀼리노 언덕

티투스 목욕장

콜로세움

클라우디우스 신전

에게리아의 숲

포르타
카페나

첼리오
언덕

비아 아피아
(아피아 가도)

시간여행자를 위한
고대 로마 안내서

시간여행자를 위한
고대 로마 안내서

필립 마티작 지음
이지민 옮김

Ancient Rome On Five Denarii A Day

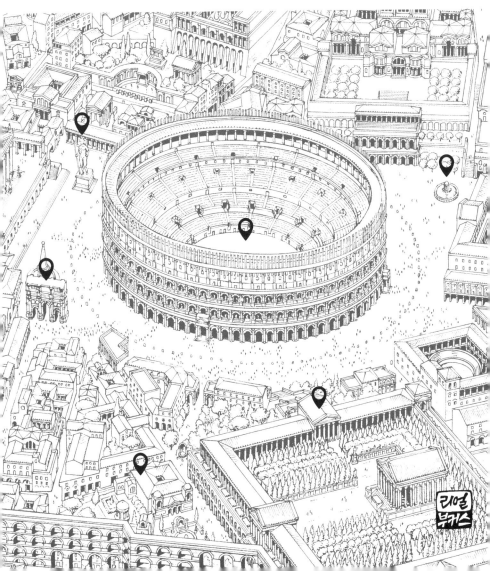

승전한 마르쿠스 아우렐리우스 황제가 로마로 들어오는 모습.

이미지로 보는 고대 로마의 모습 ─────────

I 카피톨리노 언덕에 위치한 유피테르 신전의 초창기 모습. 로마가 왕의 지배를 받던 기원전 6세기 초에 에트루리아 사원이 어떤 모습이었는지 알 수 있다.

II (다음 페이지) 로마인들이 한 번도 본 적이 없는 로마의 모습. 유피테르 신전에서 바라보면 왼쪽으로는 키르쿠스 막시무스가, 오른쪽으로는 콜로세움이 보이며 그 사이로는 팔라티노 언덕으로 물을 나르는 클라우디아 수도가 보인다. 유피테르 사원이 삼각형을 완성하며, 콜로세움과 신전을 잇는 선의 남쪽 지역을 따라 포룸이 놓여 있다.

이미지로 보는 고대 로마의 모습

III 카이사르의 공식 알현실인 아울라 레기아. 도미티아누스 황제가 지은 이 방은 방문객이 어디에서(혹은 언제) 오든 경외심을 갖도록 설계되었다.

이미지로 보는 고대 로마의 모습

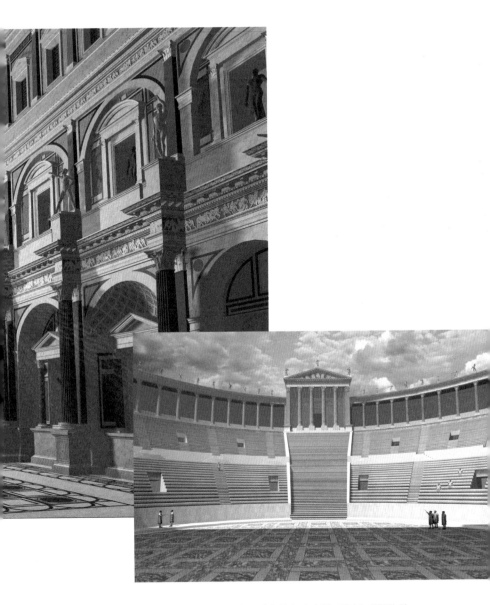

Ⅳ 캄푸스 마르티우스 모퉁이에 위치한 폼페이 극장. 후면에는 비너스 신전이 위치하는데 신전의 계단은 17,500명의 관객이 앉을 수 있는 의자로도 활용된다. 당시 로마의 석조 극장에 부여된 법을 교묘하게 피하기 위한 방법이다.

11

이미지로 보는 고대 로마의 모습

V 폼페이 극장은 단순한 무대가 아니다. 로마 공중목욕장처럼 거대한 레저 중심
지로 관광객을 끌어들이는 한편 무대 위에 아무도 없을 때조차 폼페이가 중요한
도시라는 느낌을 주도록 설계되었다.

VI 아우구스투스 포룸으로 이어지는 마르스 울토르('복수의 신' 마르스) 신전. 그 옆의 포르티코(열주랑列柱廊. 열주로 지붕을 버티고, 적어도 한쪽편이 개방되어 있는 건축부위−옮긴이)에는 위대한 로마인들의 조각상이 서 있는데, 율리아누스 가문의 조각상이 그 중 가장 두드러진다.

이미지로 보는 고대 로마의 모습

VII 로마의 공중목욕장. 카라칼라 목욕장으로 더 잘 알려진 테르메 안토니니아나.
시간 여행 중인 지금은 건축가가 설계 중으로 서기 212년에 착공될 것이다.

VIII 일찍 방문하거나 경기가 진행될 때 방문하지 않는 한 목욕장은 보통 이렇게 한적하지 않다. 평소 때 목욕장은 소리치고 물을 끼얹고 역기를 들고 입에 안 맞는 패스트푸드를 구매하는 사람들로 득실거린다.

IX (다음 페이지) 신전의 켈라. 로마 종교에서 이곳은 신이 사는 곳이다. 숭배자는 바깥에 위치한 제단에서 신에게 희생제를 올린다. 로마인들도 켈라 안에 놓인 기념비적인 조각상은 실제 신이 아니라 추상적이고 막강한 존재의 상징물이라는 사실을 안다.

X 판테온 내부. 판테온은 가장 인상적인 종교 건물로 올림피아의 모든 신을 모시는 신전이다.

XI (다음 페이지) 돔이 감싸는 거대한 구형 공간을 보여주기 위해 왜곡된 모습. 돔 내부 천장의 무게를 줄이기 위해 내부를 움푹 판 것을 주의 깊게 보기 바란다.

시간여행자를 위한 라틴어

고대 로마를 여행할 때 쓸 수 있는 유용한 표현

퀴드퀴드 라티네 딕툼 싯, 알툼 비데투르.

Quidquid latine dictum sit, altum videtur.

라틴어는 늘 심오하게 들린다.

술집에서

— 쿼 우스퀘 탄뎀 익스펙템? *quo usque tandem expectem?*

얼마나 기다려야 하죠?

— 벨 비눔 미히 다, 벨 누모스 미히레데. *Vel vinum mihi da, vel nummos mihi redde.*

와인을 주시거나 돈을 돌려주세요.

— 비눔 벨룸 유쿤둠케 에스트, 세드 아니모. *Vinum bellum iucundumque est, sed animo.*

괜찮은 와인이긴 한데 별 특징이 없고 깊이도 부족하군요.

— 다 미히 페르멘툼. *Da mihi fermentum.*

맥주 주세요.

— 아드 물토스 아노스! *Ad multos annos!*

건배!

— 인 비노 베리타스. *In vino veritas.*

진실은 와인 안에 있다.

— 에체 오라! *Ecce hora!*

벌써 시간이 이렇게 됐네요!

데이트할 때

— 우비 순트 푸에라에/푸에리? *Ubi sunt puellae/pueri?*

내 남자/여자는 어디 있지?

— 노멘 미히 에스트 리비아. 살베! *Nomen mihi est Livia. Salve!*

안녕하세요! 제 이름은 리비아예요.

— 스코르피오 숨—쿼드 시그눔 티비 에스? *Scorpio sum-quod signum tibi es?*

저는 스코르피오예요. 별자리가 어떻게 되세요?

— 에스트네 푸기오 인 투니카, 안 티비 리베트 미 위데레. *Estne
pugio in tunica, an tibi libet me videre?*

옷 안에 단검을 감추신 건가요? 아니면 저를 환대하시는 건가요?

— 시렌 임프로바. *Siren improba.*

짓궂은 요부.

— 낙테 쿼르타. *Nocte quarter.*

하룻밤에 4번.

— 마그나 쿰 볼르푸타테. *Magna cum voluptate.*

기꺼이.

— 볼로, 논 발리오. *Volo, non valeo.*

저도 그러고 싶지만 그럴 수가 없네요.

— 놀리 메 탄제레. *Noli me tangere.*

저한테서 손 떼시죠.

— 레 베라, 카라 메아, 미히 닐 레페르트. *Re vera, cara mea, mihi nil refert.*

솔직히 말해서 내 사랑, 난 신경도 안 쓴다오.

— 스페로 노스 파밀리아레 만수로스. *Spero nos familiare mansuros.*

우리가 계속해서 친구로 남았으면 해요.

— 놀리 메 보카레, 에고 테 보카보. *Noli me vocare, ego te vocabo.*

연락하지 마세요, 제가 할게요.

— 오라 에트 트리진타 미누타 인 모라 에스. *Hora et triginta minuta in mora es.*

1시간 반 늦으셨네요.

— 네스키오 퀴드 디카스. *Nescio quid dicas.*

무슨 말씀인지 모르겠네요.

— 에라레 우마눔 에스트. *Errare humanum est.*

사람은 누구나 실수를 저지르죠.

— 랍수스 링쿠아에 에라트. *Lapsus linquae erat.*

말실수였네요.

— 앙귀스 인 에르바 에스. *Anguis in herba es.*

당신 말은 믿을 수 없네요.

— 바데 레트로! *Vade retro!*

꺼져!

시장에서

— 페쿠니암 미히 몬스트라. *Pecuniam mihi monstra.*

돈을 보여주세요.

— 콴툼 에스트? *Quantum est?*

얼마예요?

— 혹 에스트 니미스! *Hoc est nimis!*

너무 비싸네요!

— 카비에트 엠프토르 *Caveat emptor*

매수자 위험 부담

— 페쿠니암 미히 레데. *Pecuniam mihi redde.*

돈을 돌려주세요.

— 도 우트 데스? *Do ut des?*

그럼 저는 무엇을 얻게 되죠?('네가 주기 때문에 나도 준다.'라는 로마의

동맹관계의 원칙 — 옮긴이)

— 혹 아페르 테쿰. *Hoc affer tecum.*

이거 가셔가세요.

— 인 하크 투니카 오베사 비데보르? *In hac tunica obesa videbor?*

이 튜닉을 입으니 뚱뚱해 보이나요?

— 베스티스 비룸 레디트. *Vestis virum reddit.*

옷이 날개네요.

— 논눌리스 데순트. *Nonnullis desunt.*

무언가 부족한데요.

— 피스트릭스 레팍스 *Pistrix repax*

욕심 많은 사기꾼

가정에서

— 카라, 도미 아드숨. *Cara, domi adsum.*

여보, 나 집에 왔어.

— 파브리카레 디엠. *Fabricare diem.*

뭐 재미있는 일 없어?

— 논 포숨 레미니셰레. *Non possum reminiscere.*

기억이 안 나.

— 인 플라그란테 델리크토. *In flagrante delicto.*

현행범으로 잡히다.

— 크레도 압수르둠 에스트. *Credo absurdum est.*

말도 안 돼.

이방인을 만날 때

— 네우티쾀 에로. *Neutiquam erro.*

길을 잃은 게 아닙니다.

— 데뭄 베니운트 글라디아토레스. *Demum veniunt gladiatores.*

아, 마지막 검투사네.

— 미히 이그노스케. *Mihi ignosce.*

실례합니다.

— 아욱실리움 미히, 시 플라케트? *Auxilium mihi, si placet?*

좀 도와주실래요?

— 쿼드 인 아비소 디체스? *Quod in abysso dices?*

도대체 무슨 말이야?

— 논 메 라페 시 티비 플라케트. *Non me rape si tibi placet.*

제 물건을 가져가지 마세요.

— 놀리 메 네카레, 카페 오미니아스 페쿠니아스 메아스. *Noli me necare, cape ominias pecunias meas.*

저를 죽이지 마세요, 가진 돈을 전부 드릴게요.

— 우비 숨? *Ubi sum?*

여기가 어디죠?

— 퀴스 아누스 에스트? *Quis annus est?*

올해가 몇 년도죠?

— 볼로 도뭄 레디레. *Volo domum redire.*

집에 가고 싶어요.

숙박

— 우비 발레스, 이비 파트리아 에스트. *Ubi vales, ibi patria est.*

편안한 곳이 최고다.

— 테크툼 리모숨 에스트. *Tectum rimosum est.*

지붕에서 물이 샙니다.

— 콘클라베 메움 에스트 플라그란트스. *Conclave meum est flagrants.*

제 방에 불이 났어요.

— 안테 케남 *Ante cenam.*

저녁식사 전에.

— 카베 카넴 *Cave canem.*

개 조심.

— 우트룸 페르 디엠 안 페르 호람? *Utrum per diem an per horam?*

일당인가요, 시간당인가요?

— 에스트네 육스팀 카우포나? *Estne juxtim caupona?*

근처에 술집이 있나요?

— 볼로 쿰 프라에토레 엑스포스툴라레. *Volo cum praetore expostulare.*

법무관에게 항의하고 싶은데요.

예의바른 표현

— 파체 투아. *Pace tua.*

괜찮으시다면.

— 엑스템플로. *Extemplo.*

당장.

— 에에우! 메아 쿨파. *Eheu! Mea culpa.*

아차! 제 탓이네요.

시간여행자를 위한 라틴어

— 마누스 마눔 라바트. *Manus manum lavat.*

절 도와주신다면 저도 도와드리죠.

— 디스 알리테르 비숨. *Diis aliter visum.*

신은 다르게 결정했다.

— 엑스 아니모. *Ex animo.*

진심으로.

— 데 미니미스 논 쿠로. *De minimis non curo.*

너무 사소한 일이라 신경도 안 쓰이네요.

일반적인 표현

— 인 콰남 파르테 템필룸 이오비스 에스트? *In quanam parte templum Iovis est?*

유피테르 신전이 어디 있나요?

— 우르수스 페르폴리 케레브리 숨. *Ursus perpauli cerebri sum.*

저는 머리가 안 좋아서요.

— 브리타니 이테 도뭄. *Britanni ite domum.*

브리튼은 집에 갑니다.

— 우티남 투스 쿠루스 델레아투르. *Utinam tuus currus deleatur.*

당신 전차가 망가지기를.

— 포르타세, 하에크 올림 메무누세 노비스 유바비트. *Fortasse, haec olim memunusse nobis juvabit.*

언젠가 뒤돌아보고 웃을 수 있을 겁니다.

— 오 템포라, 오 메레스! *O tempora, o meres!*

오 시간, 오 도덕!

— 쿼 바디스? *Quo vadis?*

어디로 가시나요?

— 시키스네 쿼 모도 하에크 파치스? *Scisne quo modo haec facies?*

어떻게 해야 하는지 방법을 아나요?

— 델리란트 이스티 로마니. *Delirant isti romani.*

이 로마인들은 미쳤소.

— 템포라 무탄투르 에트 노스 무타무르 인 일리스. *Tempora mutantur et nos mutamur in illis.*

시간이 변하면 우리도 변하기 마련이다.

— 하에크 옴니아? *Haec omnia?*

그게 답니까?

— 바데 인 파체. *Vade in pace.*

편히 쉬기를.

— 레스 로마에 코뇨스코. *Res Romae cognosco.*

저는 로마에 대해 좀 압니다.

차례 Ancient Rome On Five Denarii A Day

포추올리, 도로 여행 ───────

모든 길은 로마로 통한다고들 한다. 하지만 이동 경로나 여행 시기는 신중하게 결정해야 한다. 너무 일찍 떠나면 겨울 폭풍에 맞닥뜨릴 수 있다. 그렇다고 너무 늦게 떠나면 온갖 축제와 행사가 끝나버린 후가 될 것이며 모두가 여름철 더위를 피해 바이아이 해안가 휴양지나 시원한 바람이 부는 토스카나 언덕으로 떠난 뒤가 될 것이다. 출발을 더 뒤로 미루는 것은 더욱 좋지 않다. 축축한 가을이 시작될 무렵과 딱 맞아떨어질 것이기 때문이다. 끊임없이 건강을 위협하는 도시를 방문하기에 가장 바람직하지 않은 시기다.

따라서 우리는 꼼꼼히 여행 계획을 짜야 한다. 계획을 잘 세운 여행자일수록 여행 도중 뜻밖의 상황에 맞닥뜨릴 확률이 적다. '페스티나 렌테Fes-tina lente(급할수록 돌아가라)' 라는 라틴어 명언은 아주 훌륭한 조언이다. 어디에 묵을 것인가? 비용은 어떻게 지불할 것인가? 어떠한 이동 수단을 이용할 수 있는가? 이 질문들에 대한 답은 예상과 전혀 다를 수 있다. 로마는 2천 년의 역사를 자랑하지만 여전히 깜짝 놀랄 만큼 정교한 도시이기 때문이다.

가능한 한 출발 준비를 서두르자. 우선 로마에서 머물 곳부터 찾아보자. 가장 좋은 방법은 여러분이 살고 있는 도시를 방문하는 로마

우리는 이곳에서 행복했으며 아직까지 머물고 있으니 더욱 행복하다.
우리는 로마를 다시 보고 싶으며 가정의 수호신도 보고 싶다.
···→ 폼페이의 그래피티,
《라틴 명문 전집》 4.1227

귀금속을 가져오되 눈에 띄지 않도록 하시오.
···→ 로마 병사가 방문을 앞둔 아내에게 쓴 편지

그들(세관직원)은 밀수품을 찾기 위해 가방과 소포를 갈기갈기 찢는다. 이는 합법적인 일로 그들을 말리는 것은 좋은 생각이 아니다.
···→ 플루타르코스, 《도덕론: 호기심에 관하여》

출발

인에게 숙박을 제공하거나 환대를 베푸는 것이다. 로마인들은 여행을 많이 다니는데 그 어떤 여행자보다도 데나리우스^{denarius}(로마의 은화 ─옮긴이)를 절약하고자 하는 욕심이 강하며 책임감을 도덕률만큼이나 중요하게 생각한다. 따라서 여러분이 살고 있는 도시를 방문하는 로마인과 우호관계(호스피티움^{hospitium})를 맺어 두면 훗날 여러분이 로마를 방문할 때 그는 당신에게 자신의 집을 기꺼이 내어줄 것이다. 중요한 로마인들이 방문할 때면 그에게 거처와 음식을 제공하기 위해 안간힘을 쓰는 사람들이 주위에 넘쳐나는 이유다. 잠시 방문객을 들여야 하는 사소한 불편함을 감수하면 훗날 로마를 방문할 때 이와 거의 동급의 숙소를 무료로 제공받을 수 있다.

로마에서 숙박비는 결코 저렴하지 않으며 여행 경비 역시 마찬가지다. 로마는 치안이 잘 되어 있고 도로는 도둑의 습격으로부터 안전한 편이나 여행자를 노리는 좀도둑이나 하층민이 많다.

로마를 여행하는 사람은 대부분 목에 두른 가방이나 허리춤에 찬 벨트 안에 돈을 넣어 다닌다. 따라서 여행에 필요한 최소한의 자금만을 가져가고 나머지는 로마에서 직접 찾는 편이 낫다.

이를 위해 필요한 절차는 다음과 같다. 주요 해운 조합과 무역회사는 거의 대부분 해외 지사가 있으며 상업적으로 발달한 전 세계 도시는 여행히는 자국민들의 복지와 상업이익을 관리하는 대리인들을 로마 곳곳에 두고 있다.

이러한 사업체 중 로마에 지사가 있는 곳을 찾아서 로마에서 사용할 돈을 맡겨라. 이 대리인들은 합의된 수수료를 받고(흥정하는 것을 잊지 말기를!) 로마 지사에서 현금화할 수 있는 영수증을 당신에게 건네줄 것이다. 이렇게 할 경우 여행 도중 큰돈을 들고 다닐 필요가 없으며 로마에 도착한 뒤에 번거롭게 동전을 현지 통화로 바꾸지 않아도 된다(환전은 137페이지 참고).

로마에 빨리 도착하는 동시에 하룻밤 숙박비를 절약하려면 해상으로 이동하는 편이 가장 좋다. 캄파니아의 포추올리 항구를 목적지로 삼자. 로마 남쪽에 위치한 이곳에서 로마까지는 며칠이 걸린다. 인근에 위치한 큰 항구도시의 해운업자에게 항해를 주선해 달라고 부탁하자. 이른 봄, 카푸아로 떠나는 화물선을 이용하는 편이 가장 좋다. 더 빨리 도착하고 싶은 여행자라면 로마의 항구도시, 오스티아로 향하는 곡물 수송선을 찾아보기 바란다. 하지만 이 수송선을 이용할 경우 고대 도로 중 가장 유명한 아피아 가도를 여행하는 기회를 놓치게 된다.

아드리아 해를 이따금 항해하는 유람선 외에 여객선은 존재하지 않는다. 하지만 대부분의 상선은 승객을 받으며 괜찮은 해운업자와 거래할 경우 비양심적인 선장이 소지품을 훔친 뒤 여러분을 배 밖으로 던져버리는 일은 없을 것이다. 로마제국 전성기 이후로 해적의 수는 급격히 줄어들었으나 모든 배가 공격을 피해갈 수 있는 것은 아니니 유의하기 바란다!

출발 날짜가 정해지면 여러분이 살고 있는 국가에 따라 출국 비자가 필요할 수 있다. 비자 발급 비용을 꼼꼼히 알아보자. 예를 들어, 그리스의 경우 사람에 따라 그리고 정부 관료의 기준에서 해당 인물이 지역 경제에 미치는 중요도에 따라 8에서 108 드라크마(그리스의 화폐 단위 - 옮긴이)가 소요될 수 있다(제국의 관료체제가 늘 그렇듯 믿을 만한 '지인'을 알 경우 이러한 사소한 문제는 쉽게 해결할 수 있다. 따라서 그러한 친구를 사귀는 비용이 얼마일지 꼼꼼히 알아보아라).

여행에 필요한 물품은 스스로 준비하기 바란다. 선장은 요리에 필요한 물과 식수를 제공할 것이며 친절하게 요청하거나 추가 비용을 지급할 경우 여행자나 하인들이 식사를 준비하는 조리실을 이용하도록 해줄 것이다. 다음 표에는 항해에 필요한 최소한의 시간이 나와 있다. 물론 바람과 날씨가 비협조적일 경우 이보다 훨씬 더 오래 걸릴 수 있으며 예상 밖의 장소에 도착할 수도 있다.

항해에 소요되는 최소 시간

항로	거리(킬로미터)	일수
레기온-포추올리	282	1.5
아프리카-오스티아	435	2
카르타고-수라구사	418	2.5
타오르미나(시칠리아)-포추올리	330	2.5
마실리아(마르세유)-오스티아	612	3
스페인(북부)-오스티아	821	4
알렉산드리아-에페수스(그리스)	764	4.5
코린트-포추올리	1,078	4.5
알렉산드리아-메시나(시칠리아)	1,336	6~7
카르타고-지브롤터	1,320	7
헤라클레스의 기둥(지브롤터)-오스티아	1,505	7
알렉산드리아-포추올리	1,609	9

로마인에게 해상으로 이동할 예정이라고 말하면 대부분 헉 하고 숨을 내쉬거나 안됐다는 듯 고개를 절레절레 저을 것이다. 로마인들은 가장 하기 싫어하는 일 마냥 마지못해 항해에 나서는 풋내기 선원이기 때문이다. 지중해 해저 곳곳에 흩어져 있는 수많은 고대 난파선을 보면 이것이 사실임을 알 수 있다. 여행자들은 페트로니우스의 사티리콘^{Satyricon}(시를 혼용한 산문 풍자소설 — 옮긴이)에 등장하는 유쾌한 항해뿐만 아니라 항해자의 비극적인 운명에도 유의해야 할 것이다.

파도에 이리 저리 휩쓸린 사체가 해안가에 떠올랐다. 나는 눈물 젖은 눈으로 이 신뢰할 수 없는 자연의 소행을 바라보며 슬픔에 젖어 혼잣말을 했다. '어딘가에는 이 불쌍한 남자의 귀환을 기쁘게 기다리고 있을 아내나 아들, 혹은 아버지가 있을 거다. 그 누구도 폭풍이나 난파는 추호도 의심하지 않겠지. 이 남자에게는 기분 좋게 작별키스를 한 뒤 떠나온 가족이 분명 있을 거다. 결국 이 인간의 최후는 이것이구나. 한 남자의 거대한 계획의 결과가 이것이구나. 지금 그가 파도 타는 모습을 보아라!'
— 페트로니우스, 《사티리콘》 115

이러한 우울한 정서에도 불구하고 이 시기에 바다 여행은 그 후에 이어진 천 년과 비교도 못할 만큼 번성한다. 알렉산드리아에서 출발하는 초대형 유조선은 한 대 당 100명 내지 200명의 승객과 350톤의 이집트산 곡식을 실어 나를 수 있다. 하지만 대부분의 여행객은 폼

오스티아에서 몇 킬로미터 떨어진 테베레 강의 지류에 위치한 포르투스 항구로 들어오는 상선. 돛에 그려진 문구 VL는 보툼 리베로(Votum Libero, 자유민이 운항함)를 의미한다. 선원들은 자신들과 선박의 안전한 도착을 감사하는 마음에 제물을 바치고 있으며, 갑판에는 넵튠(로마에서 넵튠은 그리스신화에서 포세이돈과 같은 바다의 신을 의미한다.- 옮긴이)이 삼지창을 든 채 서 있다.

페이 집 벽에 그려진 평범한 유로파Europa 같은 선박을 이용한다. 길이가 자그마치 21미터가 넘으며 뱃머리와 꼬리가 상당히 높은 이 선박은 커다란 가로돛에 의해 구동되며 뒤에 위치한 노로 조종된다. 선실은 선장에게 소속되어 있어 승객들은 선원의 대부분인 노예처럼 갑판에서 잠을 청해야 한다.

정신이 똑바로 박힌 선장이라면 11월 12일과 3월 10일 사이에는 항해에 나서지 않는다. 이는 마레 클라루숨mare clausum('닫힌 바다'), 즉 해역이 폐쇄되는 시기로 겨울 폭풍 때문에 바다 여행이 상당히 위험해지는 때다. 정말 급한 일이 아니고는 최소한 3월 27일까지 기다리는 편이 안전하다. 하지만 월말에 항해에 나설 경우 액운을 부르기 때문에 항해는 4월 초에 다시 시작될 확률이 높다. 선장이 긴 항해에 앞서 희생제를 올리는 등 각별한 주의를 기울일 경우 선박은 에테시아 바람의 축복을 받을지도 모른다. 항해 철에 지중해 지역의 상업을 번성하게 만드는 미풍이다.

포추올리

포추올리는 한 때 이탈리아의 주요 항구였다. 100년 전, (시간여행자들은 주의하시라. 지금은 서기 200년이다.) 포추올리와 그리스 섬 델로스(거대한 노예무역의 중심지)는 사실 지중해의 핵심 항구였다. 포추올리는 가금류와 직물 거래도 활발하지만 사실 놀라운 건축 자재, 콘크리트의 주요 재료인 '포졸리' 흙으로 유명하다. 로마인들은 콘크리트의 잠재력을 최대한 이용했는데, 이들이 만든 제품은 21세기 제품보다도 뛰어나다.

항구에 도착하면 세관직원의 관심을 받을 각오를 해야 한다. 동서고금을 막론하고 세무관들이 그렇듯, 로마의 세관원 역시 무시무시한 공권력을 발휘한다.

최소한 포추올리는 로마의 항구다. 타란토나 나폴리처럼 로마 외의 지역에 도착할 경우 여행객의 짐은 해당 지역 공무원의 손에 의해 한 번 난도질당한 뒤 다시 '로마' 영역으로 들어가게 된다.

　시장이 공식적으로 문을 닫는 디에스 네파스투스^{dies nefastus} 에 도착했다면, 포추올리에서 곧바로 로마로 이동할 수가 없다(디에스 네파스투스는 보통 불행한 사건을 기리는 날이다. 예를 들어 6월 18일은 기원전 390년에 갈리아인들이 로마 군대를 무찌른 날이다). 비는 시간을 이용해 웅장한 원형경기장을 방문해 보자. 원형경기장은 크기가 가로 149미터, 세로 116미터이며 무대 크기만 해도 가로 75미터, 세로 42미터에 이른다. 폭군 네로 황제가 이곳에서 경기를 관람했다고 하지만 현재 구조물은 네로 황제 이후에 집권한 플라비우스 왕조 때 지어졌다. 또 다른 관광지로는 마을의 수도가 있는데, 이 수도는 2천년이 지난 지금까지도 도시에 물을 공급하고 있다.

　갑갑한 배에서 내린 뒤라면 포추올리의 테르메^{thermae}, 즉 공중목욕장을 가장 먼저 방문해야 할 것이다. 지역 샘물에서 공급되는 이 목욕장에서 새 단장을 한 뒤 향긋한 냄새를 풍긴다면 이제 지역 시장을 관장하는 거대한 세라피스 신의 조각상을 찾아가자. 이 조각상은 부두에 위치하고 있기 때문에 다음 번 일정을 짜기에도 아주 적합하다.

도로 여행

　도로 여행이 편안할 거라고는 기대하지 말자. 스프링 현가장치
(주행 중 도로면으로부터 전달되는 충격이나 진동을 완화시켜 바퀴와 도로면의 점착성

과 승차감각을 향상시키는 장치—옮긴이)는 존재하지 않으며 대부분의 차량용 자축은 베어링에 맞춰 회전할 수 있도록 소량의 기름만 칠해져 있을 뿐이다. 기름이 제대로 칠해지지 않은 자축에서 나는 끼익 소리는 여행하는 내내 여러분을 따라다닐 것이다(단, 짐을 잔뜩 실은 짐마차는 낮 시간에 로마 시내에 들어갈 수 없다). 말은 드물며 보통 로마제국의 부대나 군대만이 이용할 수 있다. 게다가 그다지 편안하지도 않다. 말안장은 엉성하고 등자(말을 탈 때 두 발로 디디는 기구—옮긴이)는 아예 없기 때문이다(등자는 그 후 몇 세기 동안 이탈리아에 도입되지 않았다). 걷기를 선택했다면—많은 사람이 그렇겠지만—당나귀를 이용해 짐을 날라야 할지도 모른다.

연인이 함께 여행할 경우 비로타birota를 고려하는 것도 좋다. 이름에서 알 수 있듯(비로타는 '두 바퀴'를 의미한다) 비로타는 가볍고 비교적 빠른 자전거다. 거의 대부분의 여행자가 마차를 이용할 것이다. (보통 화려하게 장식된) 이 고대 스포츠카는 사람을 실어 나르는 운송수단이라기보다는 부유한 아이들의 장난감에 가깝다. 가족이 다 함께 여행할 경우 카루카 도르미토리아carruca dormitoria를 이용하는 편이 바람직하다. 덮개가 달린 커다란 4륜 침대차로 가족 모두가 잘 수 있기 때문에 하룻밤 숙박비를 절약할 수 있다.

아주 부유한 사람이라면 최소한 4명에서 8명의 노예가 교대로 드는 가마를 원할 것이다. 길을 막아서는 소작농들을 쫓아내는 하인

해안을 따라 정처 없이 돌아다니며 목적 없는 여행을 떠나는 이들이 있다. 해상으로 이동하든, 도로로 이동하든 병적인 초조함이 그들을 늘 따라다닌다.

⋯→ 세네카,《마음의 평화에 대하여》2.13

이 딸린 이 가마는 로마공화국 초기에는 병자나 불구자만 사용할 수 있었으나 최근에는 보다 대중적이 되었다.

아피아 가도는 현재 로마제국의 불가사의로 알려진 위대한 로마 도로 중 가장 먼저 지어진 도로였다. 그 이전 문명에서는 이러한 막대한 규모의 도로망이 구축된 적이 없었다. 다른 도로들은 보통 기존 지형대로 보도를 따라 나있지만 꼼꼼히 측량된 로마의 도로들은 습지를 가로지르고 언덕을 관통해 일직선으로 나 있다. 트라야누스 황제가 해안을 따라 아피아 가도를 확장하기 위해 뚫은 언덕은 길이가 36미터에 달한다.

로마 도로는 전부 동일한 공식으로 지어진다. 먼저 깊이 1.2미터 가량의 도랑을 모래와 돌무더기로 단단히 채운다. 그 다음에는 자갈과 점토를 붓고 판석으로 마무리하는데, 이때에는 빗물이 바깥쪽으로 흐르도록 중앙부분을 약간 볼록하게 만든다. 이 모든 작업을 마무리한 뒤 대부분의 차량이 도로를 이용하지 않는다는 사실을 알면 다소 실망할 수 있다. 고대에는 소수의 동물에게만 편자를 박았는데 동물들의 발굽을 보호하기 위해 대부분의 차량은 도로변으로 다녔고 그 결과 행인들이 도로를 이용할 수 있었다.

여행자는 로마로 향하는 길에 일정한 간격마다 이정표를 만난다(기본 단위인 로마 마일은 오늘날의 마일에 비해 87미터가 짧다). 원형 표석이든 타원형 표석이든 이 이정표에는 보통 해당 구간의 건설자나 관리자 같은 추가 정보가 담겨 있다. 온갖 부수적인 정보를 전달하기 위해 장황한 이정표가 나란히 세워져 있기도 하다. 일부 지역

로마 외곽의 혼잡한 통근 노선인 아피아 가도를 따라 무덤이 줄지어 있다. 죽은 자들의 무덤은 상당수가 아파트 건물만큼이나 크다. 예를 들어 뒤쪽에 보이는 카에킬리아 메텔라의 거대한 원형무덤은 지름이 29미터에 달하고 높이는 11미터에 달한다.

에서는 이정표가 1레우가마다(로마 레우가^{leuga}는 로마 마일의 1.5배에 해당한다) 등장하기도 한다. 로마에 도착하면 포룸(포로 로마노-옮긴이)에 위치한 유명한 황금 이정표를 반드시 찾아보기 바란다. 이는 아우구스투스 황제가 세운 대리석 기둥으로 청동 명판으로 덮여 있으며 이곳에서부터 로마제국 내 각 도시까지의 거리가 적혀 있다.

지도는 보통 여행길의 각 지점을 가리키는 띠의 형태로 지형학적 정보는 제공하지 않으며 방위가 표시되어 있지도 않다. 세 개의 은컵 지도(훗날 로마의 키르허 박물관에 전시되었다)에는 가데스(현지명 카디스)에서 로마까지의 거리와 중간 기착지가 새겨져 있다. 대부분의 지도에는 로마제국의 중간 기착지(만시오네스^{mansiones})가 표

출발

시되어 있다. 이곳에서는 황실 업무를 보는 이들을 위해 차량과 말을 교체해주며 일반 여행객에게 음식과 숙소를 제공하기도 한다.

만시오네스는 약 10마일마다 등장하는데, 이곳에서 숙박이 불가능할 경우 다른 방법이 있다. 스타불룸^{stabulum}은 동물과 사람이 묵을 수 있는 일종의 여관으로 중앙 이탈리아, 에세르니아에 발견된 그래피티에는 이곳에서 제공되는 시설이 잘 묘사되어 있다.

'주인장, 계산서요!'

'와인 한 병에 빵 1아스(1실링의 가치), 소스 3아스 어치 드셨네요.'

'맞소.'

'8아스에 여자도 사셨고요.'

'그렇소.'

'당나귀 건초용으로 2아스 추가되셨네요.'

'이 망할 놈의 동물은 도움이 안 된다니까!'

최고급 숙소는 호스피티움^{hospitium}이다. 하지만 그곳에서조차 화려한 실내 장식을 기대해서는 안 된다. 여행객은 주인이 쑤셔 넣을 수 있는 만큼의 많은 사람뿐만 아니라 상당수의 빈대와도 숙소를 공유해야 한다. 예산이 빠듯할 경우 저렴한 카우포나^{caupona}에 머물며 부랑자를 비롯해 빈대와 숙소를 공유할 수도 있으며 투숙객을 받는 가정을 찾아볼 수도 있다. 그러한 집 앞에는 '청결하고 깔끔한 사람이라면 이곳에 머물 수 있습니다. 게으름뱅이라면 이렇게 말하기 겸연쩍지만, 역시 환영합니다.'라고 쓰인 명판이 붙어 있다.

이런 숙소에서는 소지품을 잘 관리해야 한다. 여관 주인과 배의 선장은 분실된 소지품에 책임을 져야 하지만(주화나 보석류에 대해서는 책임지지 않는다는 표식이 많기는 하다) 가정집 주인은 그렇지 않기 때문이다.

도로로 이동하는 사람들은 오합지졸이다. 이동에 수반되는 위험에도 불구하고 도로를 이용하는 로마인이 많다. 로마를 방문하는 사람뿐만 아니라 그리스나 이집트를 일주하는 (그리고 나중에 온 방문객이 볼 수 있도록 기념비에 낙서를 휘갈기는) 부유층 자제들 덕분에 여행 산업은 번성하고 있다.

도로 이름

악투스 actus ⋯⋙ 보통 가축이 사용하는 협로	
클리부스 clivus ⋯⋙ 경사로	
페르비움 pervium ⋯⋙ 주요간선도로	
세미타 semita ⋯⋙ 차로	
안기포르투스 angiportus ⋯⋙ 좁은 길이나 골목	
비아 via ⋯⋙ 도로, 가도	
비쿠스 vicus ⋯⋙ 거리	

많은 사람이 신탁을 구하거나 유명한 사원에서 건강을 기원하기 위해 성지순례를 떠난다. 이들은 기운을 회복하고 활기찬 모습으로 집으로 돌아오는데, 실은 운동과 깨끗한 공기가 신만큼이나 도움

출발

이 되었을 것이다. 기업가와 상인은 끊임없이 도로를 따라 이동한다. 일부는 이국적인 동물이 담긴 우리를 끌고 다니는데, 손에 땀을 쥐게 하는 서커스 공연에서 선보이거나 그 자리에서 죽이기 위한 용도다 (오락거리는 165페이지 참고). 장이 서는 경로를 따라 마을을 순회하는 지역 무역상도 있다(대부분의 시골 마을에는 상점이 없는 대신 정기적으로 장이 선다). 일부 여행객은 떠나거나 돌아오는 군인, 파발꾼 군인, 병참 직무 중인 군인이다. 로마로 오는 외국인 군인(페레그리니peregrini)이 상당히 많아 그들을 위한 특별 막사가 존재하기도 한다. 이 군인 중에는 성 바울을 로마에 데려온 백부장(구약성서의 재판관 또는 로마 군대 조직에서 100명의 군대를 거느린 지휘관—옮긴이)도 있었다. 로마 시민이라면 성 바울이 그런 것처럼 렉스 율리아 데 아펠라티오네Lex Iulia de Appellatione(율리우스가 제정한 항소법—옮긴이)에 따라 자신의 소송 사건을 카이사르에게 개인적으로 보고할 수 있으며 실제로 많은 이들이 그렇게 하고 있다.

시인 호라티우스는 아피아 가도를 따라 여행한 적이 있다. 그가 쓴 일기를 통해 이 여정의 모습을 살짝 엿보도록 하자(호라티우스는 반대방향으로 이동했기에 이 발췌문은 순서를 뒤바꾸었다).

오늘은 마차를 타고 39킬로미터를 이동했다. 우리는 한 마을에서 하룻밤을 묵었는데, 마을 이름에 대해서 힌트를 조금 줄 수는 있지만 여기에서 굳이 언급하지는 않겠다. 보통 가장 풍족한 제품인 물을 이곳에서는 돈을 주고 사야 한다. 빵은 어디를 가든 가장 유용하므로 현명한 여행객이라면 여행을 떠나기 전에 여분의 빵을 챙길 것이다. (⋯)

이제 베네벤토, 그리고 내가 잘 아는 아풀리아 산맥이다(호라티우스는 이곳에서 멀지 않은 베노사에서 태어났다). 매서운 바람이 산을 가로질렀고 트레비코 근처에 위치한 여관에 머물지 않았더라면 우리는 이 산을 넘지 못했을 것이다. 여관 자체는 눈을 맵게 만드는 연기로 가득 차 있었다. 주인장이 축축한 가지와 잎 등 온갖 것들을 불길 속에 던져 넣었기 때문이었다. 나는 바보처럼 밤늦은 시간까지 잠자리를 할 여성을 기다렸다. 마침내 잠이 들자 야한 꿈을 꾸었고 이부자리를 적시고 말았다.

카우디움에서는 지나치게 열정적인 주인장이 삐쩍 마른 개똥지빠귀를 꼬치에 끼워 굽다가 여관을 홀라당 태워버릴 뻔했다. 불똥이 바닥으로 튀었고 화염이 구식 부엌으로 내달아 굴뚝까지 치솟았다. 그 광경이란! 배고픈 투숙객들과 겁에 질린 하인들은 음식을 낚아채느라 여념이 없었고 나머지 사람들은 불을 끄려고 허둥댔다.

시눼사에서 바리우스와 베르길리우스(또 다른 유명한 시인들)가 우리와 합류했다. (⋯) 우리는 캄파니아 다리 근처에 위치한 작은 집에서 하룻밤을 묵었다.

아리차로 가는 길에 위치한 아피 포룸에는 뱃사공과 욕심 많은 주인장이 득실댄다. 게으른 우리는 활기 넘치는 여행자라면 하루 만에 둘러볼 일정을 이틀로 연장한다. 하지만 아피아 가도는 쉬엄쉬

엄 갈 경우 편안하게 이동할 수 있다. 아피 포룸의 파도는 상당히
사납기 때문에 동행인들이 저녁식사를 하는 동안 나는 밥을 먹지
않았다. 밤이 땅에 그림자를 드리우고 하늘에 별을 뿌리자 노예들
은 뱃사공에게 야유를 퍼부었고 뱃사공은 노예들과 농담을 주고
받았다. 빌어먹을 모기와 습지에서 개골거리는 개구리 때문에 나
는 잠을 잘 수 없었다. 한편 뱃사공과 승객은 싸구려 와인에 잔뜩
취해 돌아가며 없는 여자 친구를 향해 세레나데를 불렀다.

　　　　– 호라티우스, 《풍자》 5

　호라티우스가 언급한 습지는 노상강도가 출몰하는 것으로 유명
한 폰티노 습지다. 이제 이곳에서부터는 빌라가 빽빽이 들어서기 시
작하며 빌라의 내부도 보다 화려하게 장식된다. 농장은 찾아볼 수 없
지만 시장에 내다팔기 위한 작물을 기르는 채소밭이 길을 따라 나 있
으며 교통도 혼잡해진다. 여기에서 몇 레우가 더 가다보면 드디어 로
마에 당도한다!

로마 속으로 한발 더

아피아 가도는 기원전 312년에 클라우디우스 가문의 가장인 아 피우스 클라우디우스 카이쿠스가 건설했다.

로마 제국에는 289,682킬로미터에 달하는 주요 고속도로가 놓 여 있으며 이보다 작은 도로가 수없이 존재한다.

티베리우스 황제의 장교는 독일에서 피한지까지 뱃길로 부대 를 이송시키려 했지만 갑작스러운 폭풍에 수백 대의 배와 수천 명의 병사를 잃었다.

레다raeda라 부르는 중량화물용 사륜전차는 화물을 454킬로그 램이나 실을 수 있다.

빌라, 수도, 무덤, 포메리움, 성벽과 성문

50만 개 남짓한 난롯불을 비롯해 대장간과 빵집에서 나오는 연기가 수평선 위로 자욱한 가운데 세상에서 가장 큰 도시는 위풍당당한 자태를 확연히 드러낸다. 산비탈에 자리 잡은 웅장한 빌라에서부터 끊임없이 펼쳐지는 채소밭, 풍경을 가로지르는 거대한 석조 수도에 이르기까지 로마 인근의 전원지역은 이 위대한 도시가 제대로 기능하도록 온갖 서비스를 제공하는 역할을 도맡고 있다. 도로 양측 가족 소유지 위로 서서히 모습을 드러내는 무덤을 지나 도시 성벽을 비롯해 로마의 성역인 포메리움^{pomerium}에 이르면 로마의 존재감이 더욱 강력하게 느껴진다.

상층부 끝에는 흰색 대리석으로 만든 반원형 의자가 있다. 운모 대리석으로 만든 네 개의 작은 기둥을 감싸도록 훈련시킨 덩굴이 이 의자에 그늘을 드리운다. 그 아래 위치한 석조 물탱크로 …물이 솟구친다. 이곳에서 식사를 할 때면 전채와 큰 접시가 담긴 쟁반은 가장자리에 놓고 작은 접시는 작은 배와 물새 마냥 헤엄치도록 둔다.

⋯→ 플리니우스, 《편지》 52

빌라

로마 인근의 전원지역에 위치한 건물들은 투박한 시골 느낌을 벗기 시작한다. 아피아 가도로 향하는 길을 따라 걷다 보면 눈길을 끄는 빌라들의 웅장한 입구가 종종 보이는데, 이 빌라들은 인근 경사지와 산비탈을 향해 최고의 경관을 선사한다. 지금까지는 길을 따라 난 대부분의 빌라가 농장 건물(빌라 루스티카$^{villa\ rustica}$)이었지만 이제는 부유한 주인이 도시를 잠시 떠날 때 방문하는 웅장한 교외 별장(파르스 우르바나^{pars urbana})의 모습이다. 이러한 빌라의 목적은 농사를 짓기 위한 것이 아니라 도시 생활의 열기와 소음, 혼잡함을 피해 온 로마 엘리트층에게 휴식처를 제공하는 것이다.

농장 건물에서 교외 별장으로 갑작스럽게 모습이 바뀌지는 않지만 로마에 가까워질수록 후자의 모습이 점차 지배적이다. 아주 고급스러운 빌라의 경우에도 측면에는 집주인에게 과일과 채소를 공급할 수 있도록 소규모 농장이 운영되고 있다. 여건이 될 경우 집주인의 상당수가 포도 재배에 잠시나마 손을 댄다. 고품질의 와인은 집주인에게 자랑거리를 선사하는 데다 품질이 나쁜 와인일지라도 식초나 소독제로 사용할 수 있기 때문이다. 깔끔하게 손질된 정원 연못 역시 물고기를 공급하는 실용적인 목적을 지니고 있다. 칠성장어를 키웠던 베디우스 폴리오의 이야기를 잠시 살펴보자.

하인 한 명이 수정으로 만든 컵을 깨뜨리자 베디우스는 그를 식인 장어인 거대한 칠성장어가 득실대는 양어장에 던지라고 명령했다. ……자신을 잡고 있던 사람의 손아귀에서 빠져나온 남자아이는 (아우구스투스) 카이사르의 발밑으로 달려가 칠성장어에게 먹혀 죽고 싶지는 않다며 다른 방법으로 죽게 해달라고 애걸했다. 카이사르는 잔인한 처형 방법에 마음이 약해져 아이를 풀어주라 했다. 그러고는 자신이 보는 앞에서 모든 수정 컵을 깬 뒤 양어장에 던지라 명령했다.

  - 세네카,《분노에 관하여》3.40

모든 주인이 폴리오처럼 잔인하지는 않았다. 원로원 의원 플리니우스는 친구에게 편지를 써 '하인들이 쉴 때 내가 그들을 방해하지 않고 내가 일할 때 그들이 날 방해하지 않도록' 자신의 방이 깊숙한 곳에 위치하도록 빌라를 설계했다는 내용을 전하기도 했다. 그는 이 편지에서 로마에서 27킬로미터 떨어진 해안가에 위치한 자신의 빌라를 사랑스럽게 묘사하고 있다. 그는 담쟁이덩굴로 휘감긴 플라타너스 나무가 주위를 둘러싼 널찍한 D자형 잔디밭을 소개하는데, 잔디밭 바깥으로는 사이프러스 나무가 짙은 그림자를 드리우고 잔디밭 옆으로 살짝 솟은 오솔길에는 햇볕이 내리쬐고 있는 모습이다.

플리니우스가 빌라의 우아하고 세련된 모습을 꼼꼼히 묘사한 이유는 교외 빌라의 주요 목적 중 하나가 주인이 얼마나 우아하고 세련된 사람인지를 보여주는 것이기 때문이다. 로마로 향하는 길에 자리 잡은 이러한 빌라는 상당수가 로마제국의 긴 통치 기간 동안 수입하거나 약탈한 미술품의 진정한 보물 창고라 할 수 있다.

이러한 미술품을 살 수 있는 사람들은 거의 대부분이 집에 열주랑이 있다. 열주랑은 건물의 내부를 감싸는 기둥들을 의미한다. 로마의 개인집이 대부분 그러하듯, 빌라는 정원이 있는 중앙 안뜰을 중심으로 지어져 마치 안으로 향하고 있는 것처럼 보이며 보통 가운데 연못이 위치한다. 많은 빌라가 농장 건물로도 기능하기 때문에 두 번째 안뜰(파르스 루스티카^{pars rustica})이 있을 수도 있다. 농기구를 저장할 수 있는 창고가 딸려 있으며 가축도 취급할 수 있는 곳이다. 주인은 방문객에게 빌라의 세련된 모습뿐만 아니라 시골스러운 모습도 자랑

스럽게 보여줄 것이다. 로마인들은 지역 유산을 소중히 여기기 때문
이다.

목초지로 가득 찬 이러한 축제 가운데
집으로 서둘러 귀가하는 양을 보다니 어찌 기쁘지 아니하겠는가.
피곤한 황소가 살금살금 기어가며
뒤집힌 쟁기날을 느릿느릿 집으로 끌고 오는 것을 보다니!
　　－ 호라티우스, 《서정시집》 2

　　티부르(티볼리의 고대명)를 거쳐 로마로 향하는 사람의 경우 하
드리아누스 황제가 소유한 빌라의 근사한 정원과 조각상 사이를 지
나가려면 담당자에게 뇌물을 먹이거나 호의를 베풀어야 한다. 이 거
대한 건물은 그 자체로 작은 마을에 버금가며 호수와 분수, 도서관,
목욕장, 사원과 극장까지 갖추고 있다. 카노포스 연못 같은 곳은 황제
가 사랑했지만 안타깝게도 나일강에 빠져 죽은 안티누스라는 젊은이
를 연상시키는 이집트 테마로 꾸며져 있다.

　　북쪽에서부터 로마로 향하는 사람이라면 아우구스투스 황제의
아내 리비아가 프리마 포르타에 소유한 별장을 지나갈 것이며 팔루
다멘툼paludamentum(장군의 망토)을 허리에 두르고 갑옷을 걸친 황제
의 화려한 조각상도 볼 수 있을 것이다.

수도

로마라는 도시의 장엄함을 느끼려면 수도^aqueduct를 살펴봐야 한다. 로마에서 자그마치 64킬로미터나 떨어져 있는 수도는 지평선을 따라 끝없이 펼쳐져 있다. 이 수도들은 상당히 거대해 보이지만 402킬로미터에 달하는 로마의 상수도망 중 일부에 해당할 뿐이다. 수도는 산을 관통하고 강을 지나는데, 상당히 견고하게 지어진 덕분에 1,800년이 지난 뒤에도 부분적으로 기능하는 세상에서 유일무이한 지자체 시설일 것이다.

수도의 시작과 끝에는 저수지가 있다. 시작 부위에 위치한 저수지는 수도로 향하는 물의 흐름을 제어할 뿐만 아니라 깊고 잔잔해 저수지로 흘러들어오는 침전물을 전부 가라앉게 만드는 역할을 한다. 수도로 들어간 물은 콘크리트로 방수 처리된 바닥 위를 지나게 되는데, 거대한 밸브처럼 생긴 청동 잔이 그 흐름을 조절한다. 끝 부분에 위치한 저수지는 물을 저장해 두었다가 수도관으로 내보내 로마 곳곳으로 전달한다.

로마의 모든 수도에서 동일한 수질의 물이 공급되는 것은 아니

이토록 다양한 구조물이 수많은 지역으로부터 물을 공급하다니. 이를 의미 없는 피라미드나 장식적이기는 하지만 쓸모없는 그리스 건축물과 비교해 보아라! … 수도 당국은 공공 수도원에서 가능한 지속적으로 물을 공급함으로써 사람들이 낮이고 밤이고 물을 사용할 수 있도록 상당한 주의를 기울이고 있다.
··→ 프론티누스, 《로마수도론》 16&103

공공건물, 목욕장, 정원에 공급되는 … 풍부한 수도는 전부 … 아주 먼 곳에서 온 것이다. 산을 뚫고 깊은 계곡을 깎아 길을 평편하게 만든 것은 이 세상 어디에서도 찾아볼 수 없는 실로 위대한 업적일 것이다.
··→ 플리니우스, 《박물지》 36.121.2

로마의 주변 환경

다. 가장 질 좋은 물을 제공하는 수도는 마르키아 수도일 것이다. 이 수도는 로마에서 멀리 떨어진 언덕에서 솟는 샘을 수원으로 삼고 있다. 신선한 탄산수를 공급하는 또 다른 수도는 신선한 물을 찾고 있던 병사들에게 샘물의 위치를 알려준 젊은 여성을 기려 메이든(비르고 수도)이라 불린다.

로마의 수도 시스템은 다양한 수도가 온갖 지역에 물을 공급할 수 있도록 중복적으로 지어졌지만 초기에 지어진 수도관 중에는 시작점이 지나치게 낮아 높은 지역에 물을 공급할 수 없는 것도 있다. 여행자는 자신이 머무를 지역이 어떠한 수도에서 물을 공급받는지 확인해야 한다. 공급이 잠시 중단될 때나 여름 건기에는 알시에티나 수도에서 공급되는 낮은 수질의 물을 이용해야 할지도 모른다. 알시에티나 수도는 주로 축융(양모를 서로 엉키게 하여 조직을 조밀하게 만드는 과정 — 옮긴이) 같은 산업에 물을 대거나 정원에 물을 주는 용도로 사용되는 수도다. 아니오 수도에서 물을 공급하는 지역도 피하기 바란다. 물론 최근에 이루어진 개선 공사 덕분에 처음 지어졌을 때보다는 질 좋은 식수를 공급하고 있기는 하다. 로마에 오래 머물 경우 납 중독에 노출될 위험을 어느 정도 감수해야 한다. 대부분의 수도가 납으로 만들어졌기 때문이다. 로마인들은 이 사실을 알지만 신선한 물을 즉시 공급받는 데서 오는 공중위생이라는 혜택이 희생비용보다 크다고 생각한다.

개인 정원에 물을 대는 문제는 로마 상류층과 당국 간에 끊임없는 마찰을 낳고 있다. 보통 공공 용수는 무료이며 나머지 용수의 일부는 특별세를 내는 사람들을 위해 배정되어 있다. 하지만 모험심 넘치

클라우디아 수도와 그보다 오래 된 마르키아 수도는 전원지역을 가로질러 로마로
향한다. 마르키아 수도만으로 1억 8천 세스테르티우스(고대 로마의 화폐 단위—
옮긴이)의 비용이 소요된다. 어마어마한 액수다.

는 사람들은 로마로 들어오는 수도를 제멋대로 사용하거나 지자체
수도관에서 공급되는 비밀 수도를 몰래 끌어다 쓴다. 이러한 가운데
수많은 도시의 수도 담당자들 사이에서 불법 수도관을 없애는 척한
뒤 이 수도관들이 복구되는 동안 눈감아주는 구실로 뇌물을 받아 노
후자금을 마련하는 일이 일종의 관행처럼 실시되고 있다.

로마의 주요 수도

알시에티나 수도	아우구스투스 황제가 건설했으며 수위가 가장 낮은 수도. 수질이 낮은 편이며 주요 고객은 당연히 트라스테베레(테베레 강 건너편이라는 뜻으로 이탈리아 로마의 중심부에 있는 지구 ―옮긴이)였다.
아피아 수도	기원전 312년에 아피우스 클라우디우스 카이쿠스가 건설한 가장 오래된 수도
클라우디아 수도	기원전 38년에 칼리굴라 황제(칼리굴라라는 별명으로 본명은 '가이우스 카이사르'―옮긴이)가 짓기 시작했으며 클라우디우스 황제가 완공했다. 마르키아 수도와 수원이 거의 동일하다.
율리아 수도	기원전 33년에 아그리파가 건설했으며 하루에 5만 입방 미터(5천만 리터―옮긴이)의 물을 공급하는 등 가장 생산적인 수도였다.
마르키아 수도	기원전 144년 퀸투스 캄푸스 마르티우스 렉스가 건설했으며 한 때 캐피톨과 퀴리날레 언덕에도 물을 공급했다.
테풀라 수도	기원전 125년에 건설되었으며 대부분이 지하로 흐른다. 마르키아 수도처럼 2천년이 지난 지금까지도 동일한 수도원에서 물을 공급받고 있다.
트라야나 수도	트라야누스 황제가 건설했으며 인근의 라쿠스 사바티누스(21세기 브라치아노 호수)가 수원이다.
비르고 수도	아피아 수도, 알시에티아 수도를 제외하고 수위가 가장 낮다. 유속이 빠른 수도 중 하나로 하루에 10만 입방 미터(1억 리터―옮긴이)가 넘는 물을 공급한다.

로마 속으로 한발 더

수도의 석조 아치는 전부 폭이 5.5미터에 달하며 일부는 높이가 30미터가 넘는다.

로마의 수도는 자그마치 2억 갤런(7.6억 리터—옮긴이)의 물을 매일 도시로 나른다.

수도에서 훔친 물로 자신의 땅에 물을 주다가 걸릴 경우 해당 토지가 공공재산이 될 수 있다.

무덤

흙이여, 이 아이 위에 가벼이 안착하길. 아이는 너에게 결코 해를 가한 적이 없으니.
··· 마르티알리스, 노예 아이의 묘비명

로마라는 신성한 도시에 시신을 묻는 것은 불법이다. 하지만 유명 인사에게는 특권이 부여되기도 한다. 로마의 위대한 발레리아누스 가문, 베스타 처녀들(불의 여신 베스타에게 한평생 정절을 맹세하고 몸을 바친 처녀들 — 옮긴이), 카이사르는 이 권한을 부여받았는데, 발레리아누스 가문은 이 권한을 행사하지 않았다. 높은 유아 사망률에 무감각해진 로마인들은 죽은 애완동물을 매장하듯 갓난아이를 정원에 묻었을지도 모른다. 그 외의 사람들은 도시 밖에 묻혔기 때문에 로마로 향하는 길에는 점차 많은 무덤을 볼 수 있다. 아주 평범한 무덤에서부터 엄청나게 거대한 무덤에 이르기까지 다양한 무덤이 있다. 무덤의 외관에 관해서는 합의된 사항이 없기에 장식과 모양 역시 제각각이다. 초기 로마인들은 죽은 자를 매장했지만 수세기 동안 화장이 일반적이었다. 물론 아직까지도 화장이 보편적인 것은 아니며 최근에는 매장이 다시 유행하기 시작했다. 그 결과 죽은 자의 뼈나 재를 보관하는 무덤과 묘지, 묘비 사이로 작은 납골당(콜룸바리움columbarium)처럼 그 안에 유골 단지를 끼워 넣은 마구잡이식 구조물이 자리 잡고 있다.

죽은 자들의 무덤 사이로 이따금 가속들이 식사하고 있는 모습을 볼 수 있다. 로마인들은 사랑하는 이를 떠나보낼 때 식사하는 것을 즐기기 때문이다. 고인을 매장할 때 첫 번째 식사를 하며 9일 후 묘지에서 두 번째 식사인 케나 노벤디알리스cena novendialis(아홉째 날의 식사라는

63

뜻 – 옮긴이)를 한다. 이러한 식사는 파렌탈리아(고대 로마에서 죽은 자의 무덤을 친척들이 장식하는 축제 – 옮긴이) 같은 축제 기간에는 최소한 1년에 한 번 반복될 수 있다. 이 때 시신은 보통 무덤에 둔 채로 베개를 받쳐 마치 식사를 하는 것 마냥 비스듬히 기대 눕게 한다. 화장은 보통 지정된 화장터인 로구스^{rogus}에서 이루어지는데, 장례식에 참석한 사람들이 식사를 하는 방향으로 바람이 불 경우 항의가 빗발칠 수 있다.

대부분의 로마인은 장례식 단체에 가입되어 있다. 이 단체는 매달 소량의 금액을 받아 회원의 장례식에 사용한다. 누군가가 사망하면 동전 한 개를 망자의 입에 넣음으로써 이들이 살아생전 낸 돈 중 일부를 돌려주는데, 이는 망자의 영혼을 스틱스 강 건너편 저승으로 데려다줄 뱃사공 카론에게 주는 뱃삯이다. 또한 저승으로의 여행을 위해 장화를 신긴 채로 묻기도 하고 저승으로 가는 길을 밝히기 위해 램프와 함께 묻기도 한다.

로마인들은 DM(디스 마니부스^{Dis Manibus}, '저승의 영혼에게'라는 뜻으로 RIP ^{Rest in Peace}와 거의 동일한 의미)이라는 글씨와 함께 죽은 자의 나이를 묘비에 기록함으로써 미래의 인구 통계학자에게 나름의 정보를 제공하고 있다. 묘비에 새겨진 글에는 슬픔에 잠긴 부모나 배우자에 관한 자세한 정보가 담겨 있기도 하다. 가족들은 망자를 위해 기념비를 세우는데, 때로는 노예가 고인이 된 주인을 위해 기념비를 세우기도 한다. 주인의 유언에 따라 자유인이 될 수 있는 조건을 충족시키기 위해서다. 때로는 기념비에 아래와 같이 뜻밖의 감동적인 애가가 적혀 있기도 하다.

이방인이여, 잠시 멈춰서 이 짧은 메시지를 읽어보기 바란다. 이 흉측한 무덤에는 사랑스러운 여인이 묻혀 있다. 그녀의 부모가 클라우디아라 부르던 여인이다. 그녀는 남편을 진심으로 사랑했으며 그에게 두 명의 자식을 안겨주었다. 한 명은 아직까지 이 땅에 살아 있으며 다른 자식은 이 아래 묻혀 있다. 그녀는 얌전하지만 생기 넘치는 동반자로 가정을 충실하게 돌봤으며 털실을 자았다. 그게 다다. 자 이제 가던 길을 가기 바란다.

보통 이러한 글은 커다란 석관에 새겨져 있다. 아피아 가도의 작은 샛길에 위치한 스키피오의 무덤 같은 가족 무덤에는 이러한 글이 수없이 새겨져 있을 것이다.

로마로 향하는 길에는 11미터에 달하는 카에킬리아 메텔라의 무덤도 볼 수 있다. 카에킬리아 메텔라는 스파르타쿠스의 반란을 토벌한 리키니우스 크라수스의 며느리다. 황소 두개골로 만든 독특한 프리즈(방이나 건물의 윗부분에 그림이나 조각으로 띠 모양의 장식을 한 것 ─ 옮긴이)로 장식한 이 무덤은 폭이 29미터가 넘는 사각형 기단 위에 얹혀 있지만 아우구스투스와 하드리아누스의 무덤처럼 구조물 자체는 둥근 형태다. 아피아 가도를 따라 이동할 경우 콜로세움 경기장에 거대한 차양을 드리웠던 미세눔 함대 선원들을 비롯해 제국 요리사들의 콜룸바리움도 찾아보기 바란다. 아홉 번째 이정표에서 도달하면 제국의 전령들이 말을 교환하던 소규모 마구간 무타티오네스 mutationes의 마지

로마 장례식 절차. 시신은 화장을 위해 가장 좋은 토가(고대 로마 시민이 입던 헐렁한 겉옷—옮긴이)를 입히고 연회에 참석한 것 마냥 비스듬히 눕힌다. 이는 이 도시가 얼마나 뛰어난 인물을 잃었는지 상기시켜주는 상당히 공적인 행위다.

막 지점이 무덤들 사이로 모습을 드러낸다. 이제 여기에서부터 직진하면 드디어 로마에 도착한다.

로마 속으로 한발 더

'석관sarcophagus'이라는 단어는 관이 만들어진 석회암에서 유래한다. 석회암에 함유된 화학성분은 몇 주 만에 시신을 녹일 수 있다(사르코sarco는 '살'을, 파쿠스phagus는 '먹는 자'를 의미한다).

로마의 주변 환경

포메리움

로마의 장군이나 지방 총독의 경우 도시의 경계선인 포메리움 pomerium에서 로마로 향하는 여정을 마치게 된다. 이들은 로마 안으로 들어갈 수 없기 때문이다. 이 엄격한 제약은 왕족도 예외가 아니며 유명한 클레오파트라 역시 애인 율리우스 카이사르를 방문하러 왔을 때 로마의 중심부로 들어갈 수 없었다.

포메리움의 경계선은 가지런히 놓인 흰색 돌, 키푸스cippus가 기준이다. 이 경계선 바깥으로 수천 마일 너머에 위치한 것은 전부 로마에 소속되어 있으며 이 경계선 안의 모든 것은 바깥 땅을 소유하는 로마 도시 그 자체. 키푸스는 원래 로물루스(로마를 건설한 것으로 알려진 전설 속 로마의 초대 왕 − 옮긴이)가 도시의 경계를 표시하기 위해 그은 쟁기를 따라 난 선이다. 고대 에트루리아 의식에 따라, 로물루스는 성곽을 쌓을 예정인 땅 위로 쟁기를 조심스럽게 들어올렸다. 포메리움은 그 때 이후로 확장되었으나 도시의 일부가 경계선 바깥에 위치하도록 꼼꼼히 계획되었다. 때로는 원로원 모임도 포메리움 바깥에서 소집되어 포메리움 안으로 들어올 수 없는 의원들도 회의에 참석할 수 있도록 한다. 전쟁의 여신 벨로나를 모신 신전 역시 포메리움 바깥에 위치한다. 복무 중인 장군이 여신을 급하게 모셔야 할 때를 대비해서다. 로마의 공식적인 신에 속하지 않는 신들 역시 도시의 공식적인 한 계선 바깥에 위치한다.

여러분은 포메리움을 건너기도 전에 로마 사회가 얼마나 독특하고 잔인할 수 있는지 상기시켜주는 소리와 마주칠지도 모른다. 귀에 들리는 소리는 배고프거나 목말라 우는 아기의 울음소리다. 징징댈 힘조차 없어 그저 누워있기만 한 아기도 있다. 이 신생아들은 죽도록 내버려두거나 마음에 드는 사람이 데려가도록 부모들이 레스 바칸테스res vacantes(주인이 소유권을 포기한 물건)로 버린 아이들이다. 기형아도 있으며 또 다른 여자아이를 키울 여력이 안 되는 가정에서 태어난 여자아이도 있다. 운이 좋을 경우 아이는 이들을 원하는 가족의 품에 안길 수 있다(이는 로마 이야기에서 흔한 소재다). 다른 아기들은 가정의 노예나 애완동물(델리키아delicia)로 이용되며 여자아이의 경우 사창가로 보내지기도 한다. 무례한 로마인들조차 이러한 관행을 수치스럽게 여긴다. 훗날 황제들은 이런 식으로 버려질 아이들을 구하기 위한 자금을 모으기도 했다. 버려진 아이들은 로마 곳곳에서 발견되지만 특히 채소시장(홀리토리움 포룸)의 콜룸나 락타리아('우유 기둥'이라는 뜻으로 가난한 부모들이 아기에게 먹일 우유를 얻기 위해 이 기둥을 찾았다는 데서 이러한 이름이 붙었다. ―옮긴이)에서 자주 목격된다.

성벽과 성문

국경과 멀리 떨어진 제국의 수도 로마는 성벽이 별로 필요 없을지 모르지만 접근을 제한하기 위해 성문은 있어야 한다. 반역군이 언제든 쳐들어올 수 있다고 생각한 황제들은 방어시설을 관리했으며 때로는 이를 확장하기까지 했다. 로마의 기존 성벽은 공기에 노출될 경우 돌처럼 단단해지는 점토물질, 석회화로 이루어져 있다. 경도가 상당히 높아 일부는 황제나 중세 교황들이 사망한 뒤에도 철도역 바깥에 굳건히 서 있다.

(기원전 211년) 한니발은 2천 명의 기병을 이끌고 포르타 콜리나로 향했다. 그는 헤라클레스의 신전까지 간 뒤 가장 잘 보이는 곳에서 도시의 성곽과 배열을 살펴보았다.
⋯ 리비우스, 《로마사》 36.10.3

도시가 점차 확장되면서 도시의 상당 부분이 성벽 바깥에 위치하고 있다. 성벽은 테베레 강에서 시작되며 저지대를 지나 남서쪽으로는 카피톨리노 언덕으로 향하고 북동쪽으로는 방어에 도움이 되는 험준한 자연 지형과 만난다. 이 성벽은 퀴리날레 언덕(일곱 언덕은 74~83페이지 참고)을 따라 가다가 퀴리날레와 판초 언덕 사이에 위치한 계곡으로 곤두박질친다. 여기에서부터 남쪽으로 에스퀼리노 언덕의 평지 부분을 가로지르고 에스퀼리노 언덕과 첼리오 언덕 사이에 놓인 계곡을 향해 다시 한 번 아래로 향한다. 이곳에서부터 성벽은 아벤티노 언덕의 남서 경사로를 둘러싼 후 오래된 가축 시장의 남쪽을 지나 테베레 강과 만나면서 11킬로미터에 이르는 순환을 끝마친다.

아피아 가도에서 바라보면 첼리오 언덕이 더욱 높이 솟아있는 깃처럼 보이는 가운데, 뮤즈(학예·시가·음악·무용을 관장하는 아홉 여신의 하나─옮긴이)에게 바치는 그늘진 숲, 카메나이가 성벽을 관통하는 15개의 주요 성문 중 하나인 포르타 카페나로 이어진다. 로마에 제국이라는 호칭을 안겨준 지역들이 이 성문을 지나는데, 수많은 장군이 이 성문을 지나면서 자신의 지휘권을 포기한 채 로마의 승리를 축하했다. 이 성문의 규모를 잘 살펴보자. 위대한 장군이자 율리우스 카이사르의 적수인 폼페이우스는 이곳에서 크게 당황한 적이 있기 때문이다.

그(폼페이우스)는 …… 코끼리 네 마리(아프리카 왕이 갖고 있던 코끼리를 가져왔다)가 끄는 전투용 마차로 성벽을 부수려고 했다. 하지만 로마 성문에 도달하자 문이 상당히 단단한 것을 알고 포기해야만 했다.

포르타 카페나는 동일한 지점에서 시작되는 마르키아 수도의 거대한 아치를 따라 성벽을 가로지른다. 동쪽에서부터 로마로 향하는 이들은 살라리아 가도를 이용할 것이며 언덕 입구인 포르타 콜리나로 들어올 것이다.

마르스 광장과 카피톨리노 언덕 사이의 번성한 교외 지역으로 향하는 사람은 성벽을 돌아 포르타 플루멘타나(수문)로 들어갈지도 모른다.

모든 성벽에는 로마의 전설이 담겨 있다. 카피톨리노 언덕의 서쪽에는 포르타 카르멘탈리스가 있는데, 로마의 위대한 파비안 씨족은 기원전 306년, 이 성벽으로 들어와 전쟁에 참여함으로써 에스투리아인들에게 재앙을 안겨 주었다. 또한 포르타 라우두스쿨라나에는 게누키우스 키푸스를 기리기 위해 청동 뿔이 한 쌍 달려 있는데, 그의 군대가 이 성문으로 들어서는 순간, 자신이 다시 돌아오면 로마 제국을 무찌를 거라고 예언했다고 한다. 이를 방지하기 위해 키푸스는 죽을 때까지 유배되었다.

로마 속으로 한발 더

라틴어로 도시는 우르부스^{urbs}(도시를 의미하는 영어 단어 'urban'을 생각해 보자)이며 이는 쟁기질로 생긴 고랑을 의미하는 라틴어 우르부스^{urvus}에서 왔다. 포메리움을 구축하기 위해 사용된 쟁기다.

전설에 따르면 로마의 성벽은 본래 기원전 6세기, 로마의 여섯 번째 왕 세르비우스 툴루스가 건설했다고 한다.

로마의 내전은 코르넬리우스 술라의 군대가 주요 전투에서 승리한 뒤 로마를 취하면서 기원전 82년 11월, 포르타 콜리나에서 끝이 났다.

살라리아 가도는 연안 소금 거래상들이 취한 내륙 '소금길'로, 로마보다도 역사가 깊다.

머물 곳 – 일곱 언덕, ────
숙박시설의 종류, 위생시설,
응급시설, 복장, 음식

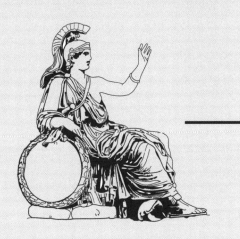

머물 곳 - 일곱 언덕

로마에 도착하면 잠시 잘 생각해 보기 바란다. 머물 곳을 결정할 때에는 여행 경비만 고려해서는 안 된다. 숙박시설의 종류, 이웃의 성향, 위생시설과의 거리, 가볼 만한 곳까지 얼마큼 걸어야 하는지도 고려해야 한다. 무엇을 입고 먹어야 할지에 관해 기본 지식이 갖춰진 상태에서 로마인을 만날 경우 당황스러운 상황을 피할 수 있다. 제대로 옷을 갖춰 입지 않은 상태로 거대한 아프리카 달팽이로 가득 채운 암퇘지의 유방을 보고 충격을 받는 것보다 근사한 저녁식사를 망치는 일은 없을 것이다. 게다가 로마 거리에는 (자신이 어디에 있는지 모른다면 그곳에 속하지 않으며 그곳에 있어서는 안 된다는 익숙한 법칙에 따라) 표지물이 없기 때문에 길을 읽는 기본적인 방법을 파악해두는 편이 좋다.

로마인들은 언덕으로 길을 찾는다. 여러분은 '아울루스는 캐피톨리노 언덕에 산다.'라든지 그건 '퀴리날레와 비미날레 계곡 사이에 위치한 가게다.'라는 말을 듣게 될지도 모른다. 따라서 어떤 언덕이 어디에 있는지 알아둬야 한다. 로마에 일곱 언덕이 있다는 사실을 모르는 이는 없지만 현실은 그렇게 단순하지 않다. 북쪽에서 시작해 시계방향으로 각 언덕을 차례대로 살펴보도록 하자.

일곱 머리는 그 여성이 앉아 있는 일곱 언덕이다. 그리고 이 여성은 대지의 왕들을 관장하는 위대한 도시다.
⋯▸ 《계시》 17

자두와 무화과를 갖고 로마에 온 이들이 ⋯ 아벤티노 언덕에서 태어난 우리보다 저녁 만찬에서 높은 자리에 앉아야 하는가?
유베날리스(외국인을 혐오하며)
⋯▸ 《풍자시집》 3.80

로물루스는 캐피톨에서 내려가다 보면 두 수풀 사이로 보이는 닫힌 공간에 아실럼을 세웠다.
⋯▸ 리비우스, 《로마사》 1.8

퀴리날레 언덕: 로마의 중상층 거주 지역. 퀴리날레 언덕은 상상의 시계에서 12시 방향으로 북쪽 끝에 위치한다. 이 언덕 남쪽으로는 포로 로마노(로마의 시민광장 — 옮긴이)가, 서쪽으로는 캄푸스 마르티우스(마르스 광장 — 옮긴이)라는 옛 군사훈련장이, 북쪽으로는 아름답게 가꿔진 살루스티우스 정원이 자리 잡고 있다. 퀴리날레 언덕은 사실 별개의 언덕이 아니라 도시의 측면을 따라 북동쪽으로 흐르는 고대 화산 산맥의 돌출부 중 하나다(다른 돌출부도 차차 살펴볼 것이다). 이 언덕에 처음 정착한 것은 사빈족들로 포로 로마노는 이들과 인근의 팔라티노 언덕에 정착한 로마인들 간의 만남의 장소로 사용되었다. 만일 그렇다면 이곳에 가장 먼저 터를 일군 것은 사빈족들이 분명하다. 로물루스가 이 도시를 발견하기 최소한 2세기 전에 퀴리날레 언덕에 정착지가 존재했음을 입증하는 고고학적 증거가 발견되었기 때문이다.

방문객들은 분명 이 언덕에서 어느 정도 시간을 보낼 것이다. 이곳에는 로마에서 가장 근사한 쇼핑 거리가 형성되어 있기 때문이다. 베스파시아누스 장군이 황제가 되기 전, 그의 가족이 이곳에 살았는데, 베스파시아누스의 아들 도미티아누스가 조상이 살던 집에 지은 템플룸 겐티스 플라비아templum gentis Flaviae(플라비아 가의 신전)는 여전히 방문객들을 향해 활짝 열려 있다.

비미날레 언덕: 로마 언덕의 신데렐라(진가를 인정받지 못하는 사람이나 물건을 가리키는 의미로 쓰였다 — 옮긴이) 비미날레 언덕은 퀴리날레 언덕 바로 옆에 위치한다. 이 언덕 역시 화산 산맥의 일부지만 퀴리날레 언

덕보다는 작고 덜 화려하다. 비미날레 언덕은 그곳에서 자라는 고리버들(라틴어로 비미나^{vimina})의 이름을 따 그렇게 불린다. 이 언덕에는 기념비나 웅장한 저택이 거의 없다. 이곳에 자리 잡은 주택들은 퀴리날레 언덕에 위치한 주택들에 비해 저렴하지만 이 언덕 곳곳 (그리고 기타 로마 전역)에서는 귀족들이 소유한 근사한 저택도 가끔 찾아볼 수 있다. 대부분의 교통이 이 언덕 양쪽으로 지나가며, 비미날레 성문을 지나면 로마의 정예부대, 근위병의 병영에 당도하게 된다.

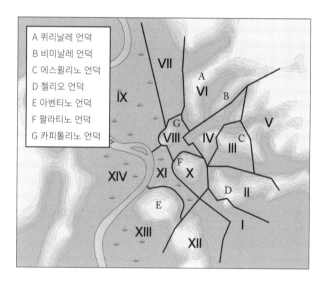

로마 언덕 : 로마의 구(1구~14구)를 표시한 도표. 가장 괜찮은 곳을 찾고 있다면 2구와 6구를 고려해 보아라. 4구(수부라)는 그다지 쾌적한 장소가 아니며 14구(트라스테베레) 역시 마찬가지다. 12구와 13구는 그나마 괜찮고 8구와 10구는 신과 황제의 영역이다.

레기오: 로마의 우편번호

아우구스투스 황제 이후로 로마는 행정적인 목적에 따라 14개의 레기오regio(행정구역─옮긴이)로 나뉘어졌다. 대부분의 로마인은 언덕이나 계곡 이름으로 특정 지역을 가리킨 뒤 구체적인 동네(비키vici)를 언급한다. 그렇기는 하지만 각 지역의 위치를 알 경우 '관료집단'을 상대하는 데 도움이 될 것이다.

1구 포르타 카페나(아피아 가도가 지나가는 성문)와 첼리오 언덕 사이의 지역

2구 첼리오 언덕 자체

3구 네로의 황금의 집 일부와 콜로세움을 포함한 에스퀼리노 언덕 하단

4구 에스퀼리노 언덕과 비미날레 언덕 사이에 위치한 수부라 계곡, 베스파시아누 신전과 광장을 포함한 벨리아 지역의 일부

5구 에스퀼리노 언덕의 상부 경사지로 마을 한 가운데서 보면 3구 너머로 보인다.

6구 퀴리날레 언덕 대부분과 4구에 해당하지 않는 비미날레 언덕 지역

7구 마르스 광장과 판초 언덕의 동쪽 지역

8구 로마의 중심부, 카피톨리노 언덕과 포로 로마노

9구 캄푸스 마르티우스의 남서쪽 지역으로 남쪽으로는 테베레 섬까지 이어진다.

10구 로마 제국─팔라티노 언덕

11구 가축 시장, 키르쿠스 막시무스(고대 로마의 대형 원형경기장─옮긴이), 팔라티노 언덕과 아벤티노 언덕 사이에 위치한 계곡의 나머지 부분

12구 11구의 남쪽으로 주요 주거 지역

13구 아벤티노 언덕과 강 정면, 가축 시장에 접한 엠포리움(고대 로마의 하천항─옮긴이)을 포함한다.

14구 트라스테베레라고도 불리는 가장 넓은 지역. 테베레 섬으로 이루어져 있지만 대부분 테베레 강의 서쪽 지역으로 이민자가 많이 살고 있다.

에스퀼리노 언덕: 상부는 왕의 거주 지역, 하부는 슬럼가. 상상의 시계에서 3시 방향으로 산맥의 가장 큰 돌출부가 보이는데, 이곳이 바로 에스퀼리노 언덕이다. 사실 에스퀼리노 언덕은 상당히 거대해 여러 지역으로 나눌 수 있다. 북동 경사면에 위치한 작은 산마루는 치스피우스^{Cispius}, 서쪽 언덕은 파구탈^{Fagutal}, 남쪽 언덕은 오피안^{Oppian}이며, 에스퀼리노 언덕과 팔라티노 언덕을 연결하는 기다란 산등성이, 벨리아^{Velia}도 있다. 이 언덕에 머물 경우 어떤 숙소를 선택할지 꼼꼼히 살펴야 한다. 가장 좋은 숙박시설은 상부 경사면에 위치하는데 그곳에서부터 비유적으로도 실질적으로도 숙소의 질이 차츰 낮아진다. 하부 경사면은 슬럼가인 수부라 지역이다. 이곳의 거주민들이 당신의 목숨을 앗아가지 않더라도 안심해서는 안 된다. 숙박시설 때문에 목숨이 위태로울 수 있기 때문이다. 이곳의 숙박시설은 여름에는 화재에 취약하고 겨울에는 자발적으로 무너지곤 한다.

에스퀼리노 언덕은 유명 인사들의 거주 지역이었다. 로마가 왕의 통치를 받던 시절, 툴루스 호스틸리우스가 이곳에 살았으며, 왕의 지배를 종식시키는 데 기여한 공화당 반역자 발레리우스 포플리콜라 역시 이곳에 살았다. 네로는 이 언덕의 하부 지역인 벨리아에 (곧 무너졌지만) 화려한 궁전의 현관을 지었다. 하드리아누스의 비너스와 로마 신전이 현재 근처에 서 있다.

첼리오 언덕: 백만장자 환영. 산맥의 최남단에는 첼리오 언덕이 자리 잡고 있다. 이곳에 정착한 에트루리아의 모험가 첼리오 비벤나

의 이름을 따 그렇게 이름지어졌다고 한다. 이 언덕에는 두 개의 봉우리가 있는데, 서쪽으로 큰 첼리오가, 남쪽으로 작은 첼리오가 있다. 다른 언덕들과 마찬가지로 부자들은 소음을 비롯해 연기, 계곡의 먼지로부터 떨어진 높은 경사면에 거주하는 것을 선호한다. 하지만 첼리오 언덕의 거주민들은 다른 부자들에 비해 훨씬 더 부유한 편이다. 이 언덕에는 글라우디오 황제를 기리는 신전이 자리 잡고 있다. 그의 마지막 아내이자 살인자로 추정되는 아그리피나가 지은 사원이다. 이곳에서는 군대의 모습도 보인다. 황제의 기병 근위대, 에퀴테스 신굴라레스[equites singulares]가 이곳에 주둔하고 있다.

아벤티노 언덕: 시민의 언덕. 7시 방향으로 일곱 언덕 중 최남단에 위치한 아벤티노 언덕이 보인다. 언덕의 서쪽에는 테베레 강이 흐르고 북쪽에는 오래된 가축 시장이 있으며 바로 동쪽으로는 팔라티노 언덕이 자리하고 있다. 아벤티노 언덕은 특히 로마 평민들이 선호하는 지역이다. 이들은 지배자가 마음에 들지 않아 로마의 나머지 지역과 공식적으로 단절을 선언했고 이 언덕의 경사면으로 두 번이나 철수했다. 아벤티노 언덕은 서기 49년까지 포메리움 바깥에 위치했다. 그리하여 한 유별난 로마인은 이 언덕 남쪽 경사면 아래에 이집트 피라미드만큼이나 긴 영속을 자랑하는 화려한 흰색 대리석 피라미드를 건설한 뒤 사후에 그 안에 안치되기도 했다. 포메리움 바깥에 위치한다는 이유로 이 언덕에는 수많은 '이국' 신들의 사원이 자리 잡기도 했다. 하지만 로마 고유 신들을 모신 사원과 케레스 여신을 모신 아

주 오래된 신전도 이곳에 위치한다. 아벤티노 언덕은 언덕의 상당 부분이 공공용지(아제르 푸불리쿠스^{ager publicus})라는 사실에 이끌린 수많은 외부인 덕분에 수년 동안 로마에서 가장 국제적인 지역 중 하나로 자리매김했다. 최근에는 부유한 상인 계층이 이 언덕의 경치와 인근 부두에 매력을 느껴 이곳으로 이주했다. 그 결과 무역선이 너무 많은 암포라^{amphorae}(진흙으로 만든 커다란 통)를 부두에 내려놓으면서 그 파편들 때문에 강둑을 따라 별도의 산맥, 몬스 테스타치우스^{Mons Testaceu}(질그릇으로 된 산이란 뜻 – 옮긴이)가 형성되기도 했다.

팔라티노 언덕: 황제가 '집'이라 부르는 언덕. 공화정 시기에도 로마에서 가장 중요한 지역은 시계의 가운데에 위치한, 로마에서 가장 오래된 팔라티노 언덕이었다. 로마를 방문하는 사람이 꼭 봐야 하는 곳 중 하나는 팔라티노 언덕의 남서쪽 모퉁이에 위치한 로물루스의 움막이다. 로물루스의 움막이 카피톨리노 언덕에 있었다고 주장하는 이들도 있지만 현재 움막을 볼 수 있는 곳은 팔라티노 언덕이다. 이 움막은 보조벽이 화재로 타고 지붕보가 썩으면서 한, 두 번 교체되기는 했지만 로물루스가 실제로 살았던 집이다. 10만 제곱미터가 넘는 팔라티노 언덕은 팔라티움과 케라물루스라는 두 개의 봉우리가 있는 꼭대기가 평편한 언덕으로 돈으로 살 수 있는 가장 호화로운 건물들이 자리 잡고 있다. 호르텐시우스라는 연설가는 훗날 아우구스투스 황제가 점령한 이 언덕의 북서쪽에 거처를 마련했는데, 로물루스

도착

의 집처럼 후세대는 선조를 숭배해 그가 떠난 뒤에도 이 집을 그대로 두었다. 하지만 시간이 한참 흐른 뒤 한 작가는 집 안의 온갖 비품들이 너무 보잘 것 없어 대부분의 사람이 거저 줘도 거절할 거라고 했다.

아우구스투스는 팔라티노 언덕을 로마의 행정 중심지로 만들었고 이로써 '궁전'이라는 단어를 후세에 전해주었다. 황실 가족과 하인, 경호대가 사용하는 건물을 제외한 언덕의 대부분이 행정 업무를 위해 할애되어 있다. 언덕 꼭대기에는 아우구스투스가 세운 아폴로 신전이 있으며 하단에는 로물루스가 지은 것으로 추정되는 유피테르 스타토르 신전도 있다. 언덕 꼭대기에 위치한 화려한 경마장을 비롯해 오늘날 이 언덕에 위치한 건물들은 대부분 도미티아누스 황제와 그가 고용한 건축가 라비리우스의 작품이다.

카피톨리노 언덕: 로마의 사원이자 요새. 팔라티노 언덕에서 11시 방향으로 이동해 테베레 강의 남쪽 굽이로 향하면 로마에서 가장 오래된 요새인 카피톨리노 언덕의 이중 봉우리와 마주친다. 로마인들은 언덕 전체를 가리켜 카피톨리노라 부르지만 이는 사실 남쪽 봉우리만을 의미한다. 또 다른 봉우리의 이름은 아르스다. 이 두 봉우리 사이로 움푹 들어간 곳에는 신성한 아실라에우스를 모신 고대 사원이 있다. 로마인들은 안식을 찾는 사람들을 위해 이곳에 피난처를 제공했다. 팰리스(팔라티노)와 캐피톨(카피톨리노)처럼 이 사원-아실럼-은 이제 일상적인 용어가 되었다.

로마인들에게 로마, 로마 제국, 그리고 로마가 의미하는 모든 것의 중심은 카피톨리노 언덕의 유피테르(가장 위대한 자), 즉 유피테르 옵티무스 막시무스의 신전이다.

이 신전은 제정 말기에 타르퀴니우스 왕이 세운 기단 위에 놓여 있다. 공화국 말기 격변의 시기를 거치면서 화재로 소실된 뒤 재건되었으나 서기 69년 내전 당시 다시 파괴된 이 신전의 현재 모습은 도미티아누스 황제의 작품이다. 아르스 언덕에서는 유피테르의 아내 유노를 기리는 신전을 비롯해 로마의 사제들이 새의 비행이나 유성 같은 하늘의 표식을 관찰하기 위해 방문하는 아우구라쿨룸 auguraculum 도 찾아볼 수 있다. 땅으로 떨어지는 것에 대한 얘기가 나왔으니 말인데, 포로 로마노가 내려다보이는 카피톨리노 언덕에는 악명 높은 타르페아 절벽이 있다. 정의는 실현되어야 할뿐만 아니라 최대한 극적이고 난잡한 방식으로 구현되어야 한다는 로마 원칙에 따라 범죄자나 반역자는 이곳에서 처형당했다.

카피톨리노 언덕은 팔라티노 언덕보다도 거주민이 적다. 종교와 수비의 중심지이기도 한 이 언덕에는 로마의 공문서 보관소인 거대한 타불라리움이 있는데, 원로원 모임의 회의록도 이곳에 보관되어 있다.

로마의 일곱 언덕에 속하지는 않지만 도시 생활에 상당히 중요한 세 개의 언덕이 있다. 우선 판초 언덕이다. 이곳은 엄청난 부자들이 화려한 집을 짓고 사는 곳이라 가든 언덕이라 불리기도 한다. 그다음은 자니콜로 언덕이다. 로마인들이 한 때 북쪽 수비 경계선으로 여긴 산맥이다. 마지막으로 바티칸 언덕이다. 바티칸 언덕이 인근에 위치한 키르쿠스 네로(고대 로마의 원형경기장 – 옮긴이)를 위한 곳이라고 생각하는 로마인들은 언덕에 자리 잡은 성 베드로의 무덤으로 순례를 떠나는 이들을 곱지 않은 눈으로 바라본다.

크레스투스(당시에는 예수를 이렇게 불렀다 – 옮긴이)의 숭배자들은 테베레 강 서쪽으로 포메리움 바로 바깥에 위치한 트라스테베레 지역에 숙소를 잡을 것이다. 국제적인 도시 내에서도 가장 국제적인 지구이다.

로마 속으로 한발 더

글라우디오 황제의 방탕한 아내 메살리나는 퀴리날레 언덕이 위치한 살루스티우스 정원에서 사망했다. 그녀는 반역죄로 체포되기 직전 스스로 목숨을 끊었다.

많은 로마인이 에스퀼리노 언덕에 유령이 출몰한다고 믿는다. 이곳에는 고대 무덤이 많이 있기 때문이다.

로물루스의 쌍둥이 동생, 레무스는 어디에 새로운 도시를 세울지 자신만의 생각이 있었다. 만약 둘 사이의 싸움에서 레무스가 승리했다면 로마가 아닌 강력한 레마 제국이 아벤티노 언덕에 세워졌을 것이다.

팔라티노 언덕에는 황제들보다 앞서 키케로, 폼페이우스, 마르쿠스 안토니우스, 삼두 정치의 한 축이자 부호였던 마르쿠스 크라수스 등 유명인사가 거주했다.

숙박시설의 종류

로마에서 어떤 숙박시설에 머물지는 여행 경비와 선호하는 시설, 시내에 얼마나 머물 예정인지에 달려 있다. 로마의 주거지는 대부분 임대가 가능하며 집주인은 대부분 월이나 주, 심지어 (특정 목적에 따라) 시간 단위로 방을 기꺼이 임대해줄 것이다. 폼페이에서는 임대가 가능한 집의 벽에 아래와 같은 광고가 붙어 있는 것을 볼 수 있다.

7월 1일부터 임대 가능

도로에 면해 있으며 판매대 공간이 있는 가게
화려한 2층 아파트 여러 채와 타운하우스 한 채
관심 있는 사람은 그나이우스 알리우스 니기두스
마이우스의 노예, 프라이무스에게 문의 바람.

하지만 숙소를 임대하는 대신 자신의 타운하우스를 기꺼이 내어줄 친구, 호스페스^{hospes}의 집에 머무는 편이 나을 것이다. 친구의 집이 미풍이 불어올 만큼은 높은 곳에 위치하지만 수도가 닿지 않을 만큼 지나치게 높지는 않은 언덕에 자리 잡고 있다면 더욱 좋다.

도착

그러한 집은 번화가에 자리 잡을 경우 보통 집 정면에 옷이나 공예품, 간식거리를 파는 작은 상점이 있다. 보다 조용한 지역에 위치한 집의 경우 집 벽을 보통 1.2~1.5미터 정도까지는 붉은 색으로, 그 위부터는 흰색으로 칠한다. 마치 요새처럼 창문 하나 없는 입면은 튼튼한 나무문을 제외하고는 뚫린 부위가 없다. 게다가 이 나무문 바로 안에는 보초 근무를 서는 관리인이 늘 상주하고 있어 밤이 되면 이 도시가 얼마나 무법지대가 될 수 있는지 다시 한 번 상기시켜준다. 풍자시인 유베날리스는 '유서를 쓰지 않은 채 저녁식사를 하러 나갈 경우 상당히 부주의한 사람으로 여겨질 것이다. 집으로 돌아오는 길에 양동이 하나 가득한 음식물 찌꺼기가 머리 위로 떨어지지 않는지 주의를 잘 살펴라. 이 마을에는 누군가를 두들겨 패기 전까지는 잠을 이루지 못하는 폭력적인 술주정뱅이가 득실댄다.'라고 했다. 로마의 독자들은 아풀레이우스의 소설《황금 당나귀》에 언급되는 내용에 크게 공감할 것이다. 로마를 배경으로 하지는 않지만 튼튼한 문의 중요성을 상기시켜주기 때문이다.

첫 번째 길로 들어서자 횃불이 나갔다. …나는 집으로 가는 길을 찾을 수 없어 어둠 속에서 휘청거렸다. 가까스로 집 문 앞에 다다르자 세 명의 건장한 사내가 집안으로 들어가려고 문과 사투를 벌이는 게 보였다. 그들은 나를 보고도 별로 신경 쓰지 않았고 오히려 문을 부수려고 더욱 애를 썼다. 나는 이들이 아주 뻔뻔한 도둑들이라고 결론 내렸고 이럴 때를 대비해 망토 아래 차고 다니던 칼을 뽑아내 그들을 향해 휘둘렀다.

— 아풀레이우스, 《황금 당나귀》 2권

집에 들어서면 가장 먼저 마주치는 공간은 베스티뷸룸^{vestibulum}이다. 보통 길고 좁은 복도로 외출복과 장화를 보관하는 장소지만 주요 인사의 집에서는 의뢰인들이 오전에 모여 후원자에게 경의를 표하고 온갖 부탁을 하는 준공공 장소로 이용되기도 한다. 베스티뷸룸에 들어서면 석유램프의 반짝이는 불이 바닥에 모자이크로 새겨진 살베^{Salve}('안녕')나 카베 카넴$^{Cave\ canem}$('개 조심') 같은 전형적인 환영 문구를 비출지도 모른다. 베스티뷸룸 너머로는 인근의 전원지역처럼 아트리움(고대 로마건축에 있어서 중정이나 오픈 스페이스 주위에 집이 세워지면서 마련된 중앙정원 —옮긴이) 주위로 도심의 타운하우스가 보일 것이다. 아트리움은 요리할 때 발생하는 연기를 바깥으로 내보내고 가정의 수도 공급을 보충하기 위해 빗물을 받을 수 있도록 하늘을 향해 열려 있다.

아트리움 옆에는 쿠비쿨라^{cubicluar}가 있다. 휴식이나 독서, 수면을 위해 사용되는 작은 방으로 상당히 넓은 집에서조차 쿠비쿨라는 아주 작다. 가족 내에서든 친구나 동료와의 관계에서든 로마인의 삶은 상당히 공적이기 때문이다. 볼일조차 공적인 장소에서 이루어지는 도시에서(위생시설은 91페이지 참고) 수면을 취할 수 있는 사적인 공간이 제공될 거라고는 기대하지 말자. 로마의 집은 아트리움 기둥 주위로 뛰어다니는 아이들에서부터 불 옆에 앉아 있는 이빨 빠진 할머니들, 일하느라 분주한 노예들, 서로 농담을 주고받거나 남을 험담하거나 수다를 떨면서 바느질을 하고 직물을 짜는 6촌이나 사돈지간을 비롯한 기타 여성 친족들에 이르기까지 활기가 넘친다(대가족 내에서는 가족 간의 관계에서 문제가 발생할 수 있다. 이를 순조롭게 운영하는 일은 가정 내에서 가장 나이가 많은 여성, 마테르파밀리아스 materfamilias의 몫이다).

이제 로마에 거주할 때 마주치게 되는 또 다른 문제, 소음에 대해 언급하기에 적절한 시점이다.

이 도시에서는 불쌍한 남자가 조용히 지혜를 모을 수 있는 시간을 가질 수 있는 곳이 없다. 교사들은 아침 일찍부터 시끌벅적하며(로마에서 학교 수업은 새벽에 시작되며 종종 밖에서 열린다) 동이 트기도 전에 빵집 주인이 잠을 깨울 것이다. 망치질을 하는 구리 세공인은 하루 종일 당신의 신경을 거슬리게 하며 환전상은 더러운 탁자 위로 하릴없이 동전을 쨍그랑 떨어뜨리고 먼지 속에서 스페인 금화를 두드리는 남자는 반짝이는 나무망치로 닳고 닳은 돌덩이를 찰싹 내리친다.

　　- 마르티알리스, 《경구》 12.57

…그리고 밤이 되면….

이곳 로마에서는 아픈 사람들이 수면 부족으로 죽어 나간다. (…) 수레는 좁고 구불구불한 골목을 따라 삐걱거리는 소리를 내고 운

전수의 저주 섞인 목소리는 귀머거리조차도 깨울 것이다.
　- 유베날리스, 《풍자시집》 3.232; 236-8

보레아스(북풍의 신)조차도 내 아파트에 외풍이 있다고 생각할
것이다.
　- 마르티알리스, 《경구》 8.14

나는 서까래 사이로 흐르는 빗물 때문에 한기를 느끼며 다락에서
비둘기와 함께 잠을 청한다. 건물에 불이 나더라도 나는 가장 늦게
알아챌 것이다.
　- 유베날리스, 《풍자시집》 3,200-2

　이러한 이유 때문에 일부 타운하우스는 정면이 비교적 좁고 거
리에서 꽤 멀리 떨어진 곳까지 길쭉하게 뻗어 있으며 정원이 그 끝에
위치하고 있다.
　로마에는 사실 타운하우스보다는 아파트가 훨씬 많다. 6개에서
8개의 건물을 인술라insula라는 블록에 집어넣은 거대한 아파트 건물
들이 계곡과 언덕의 낮은 경사면을 가득 메우고 있는데, 찬바람이 들
어오는 단칸 셋방부터 두 개 이상의 방을 갖춘, 설비가 잘 된 집에 이
르기까지 다양하다.
　이상적인 아파트는 1층에 위치한다. 치안 상태가 좋으며 물과 재
화의 반입이 편리하기 때문이다. 낮은 곳에 위치하기 때문에 화재가

발생하거나 건물이 일부 붕괴될 때 쉽게 밖으로 나올 수 있기도 하다.

트리야누스의 칙령에 따라 아파트 블록의 높이는 17.6미터(보통 5층) 이하여야 하며 네로 황제 집권 당시 화재 관련 규제가 도입되기도 했다. 하지만 주택을 임대하기 전에는 반드시 집안을 꼼꼼히 살펴봐야 한다는 점을 잊지 말기 바란다.

로마 아파트의 모습. 대부분의 사람이 이러한 집에 거주한다. 가게와 식당은 편리하게 맨 아래층에 위치하고 숙박시설은 1층에 위치한다. 1층 벽은 건물의 나머지 부분을 지탱하기 때문에 두께가 1.8미터에 딜하며 덕분에 소음과 온도 변화로부터 집을 보호해준다.

로마 속으로 한발 더

유명한 로마인들은 왁스로 만든 데스마스크(죽은 직후에 죽은 사람의 얼굴에서 직접 본을 떠서 만든 안면상—옮긴이)를 베스티불룸에 걸어두었다. 집을 방문하는 사람들에게 그 집안의 위대함을 상기시키고 현 세대가 많은 노력을 기울이도록 영감을 주기 위해서다.

로마의 1/4은 공공장소다. 2천 채가 넘는 타운 하우스가 나머지 공간의 1/3을 차지하며 대부분의 로마인은 나머지 (가장 살기 안 좋은) 지역에 위치한 인술라에 산다.

키케로는 임대한 아파트를 손봐야 했다고 한다. 그가 살던 건물은 너무 위험해 쥐조차 살지 않을 정도였다.

위생시설

그는 하루 종일 화장실에 있다.

로마에서는 거북하게도 오물통이 우물

…아파서가 아니라 저녁식사 초대를 기대하고 있는 것이다. ┈➔ 마르티알리스, 《경구》 11.77

가까이에 놓여 있다. 하지만 다행히 수도에 서 나오는 폐수를 정기적으로 씻어 내리는 거대한 하수도가 존재한다. 그 중 가장 크고 오래된 하수도는 클로아카 막시마다. 포로 로마노 아래로 흐르는 이 하수도는 그 안에서 보트를 탈 수 있을 정도로 큰 규모를 자랑한다. 대다수의 아파트 건물은 하수도나 중앙 오물통에 연결시킨, 중력으로 작동되는 시설을 갖추고 있지만 검증된 방법인 변기를 이용하는 곳도 많다. 농사에 이용하기 위해 대변을 모아두는 경우도 있으며 오수를 그냥 거리에 버리는 곳도 있다. 그래서 일부 도로에는 사람들이 발을 더럽히지 않고 길을 건널 수 있도록 작은 징검다리가 놓여 있다.

요산을 귀히 여기는 축융공들은 대중의 소변을 받기 위해 도로 모퉁이에 커다란 암포라amphorae를 놓는다. 사람들은 베스파시아누스 황제가 이 공중 화장실을 이용하는 데 소량의 금액을 부과한 것을 두고 여전히 불만을 표한다(20세기 후반까지 현대 파리에서 비슷한 시설을 베스페지안Vespasiannes이라 부른 이유다). 여담이지만 베스파시아누스가 안찰관(거리를 깨끗하게 유지시킬 임무가 있는 공부원)으로 일할 때 그가 일을 너무 못하는 바람에 칼리굴라 황제는 그가 입고 있는 토가를 길거리의 오물로 덮을 것을 명령했다고도 한다.

가능하면 공중목욕장과 가까운 곳에 숙소를 구하자. 이 공중목욕장에서 끊임없이 흘러나오는 오수는 좌변기 아래로 흐르는데, 좌변기는 사실 같은 시설을 이용하는 사람들끼리 나란히 앉아서 서로 잡담을 나눌 수 있도록 엉덩이 부분에 구멍을 뚫어 놓은 의자에 불과하다. 변기를 이용할 때에는 기름 적신 털실 다발에 불을 붙여 몰래 변기통에 집어넣는 어린아이들의 장난에 조심하자. 불붙은 털실이 엉덩이 바로 아래로 지나갈 경우 하루를 망칠 수 있다.

응급시설

로마를 비롯한 고대 의학에 대해 아는 것이 거의 없는 사람이라면 로마의 카테테르(체내에 삽입하여 소변 등을 뽑아내는 도관 - 옮긴이)나 산과 진료 도구에 대해 모르는 것을 감사히 여겨야 할 것이다. 로마에서 예상치 못하게 병에 걸리는 사람에게 해줄 수 있는 최고의 조언은 아프지 말라는 거다.

로마는 병이나 감염에 전반적으로 취약하다. 매독이나 흑사병은 자주 발생하지 않지만 결핵이나 나병, 파상풍은 흔하다. 저명한 의사 아레테우스는 파상풍을 치료하려던 의원에게 이렇게 조언했다. '사람의 목숨을 앗아가는 신에게 기도하는 편이 나을 거요. 당신은 이 환자를 살릴 수 없소. 그의 고통을 줄여줄 수도 없으며 그의 사지를 절단하거나 부러뜨리지 않고는 이를 바로 펼 수조차 없을 것이오.'

항생제가 없기 때문에 살짝 긁히기만 해도 패혈증에 걸리고 사망에 이를 수 있으며, 급성 맹장염에 걸리면 치명적인 결과를 맞이할 수 있다. 이런 상황을 보아하건대 로마인들이 어떻게 오래 살 수 있는지 의아해할지도 모른다. 이에 대한 답은 로마인들은 대부분 오래 살지 못한다는 거다. 하지만 성인이 된 로마인은 온갖 질병을 다 극복한 상태라 면역 체계가 아주 튼튼하다는 사실을 기억하기 바란다. 영아 사망률은 끔찍할 정도로 높다. 원로원 의원이 되려면 마흔 살이 넘어야 하는데 평균 수명이 서른 살이 채 되지 않기 때문에 성인이 된 원로원 의원은 아주 건강한 사람이라 할 수 있다.

로마인들은 병을 치료할 능력이 없지만 병에 걸리지 않는 방법에 대해서는 나름의 원칙을 갖고 있다. 그들은 늪지대를 피하는 게 상책이라고 생각한다. 철학자 루크레티우스는 세균에 대해 이렇게 정의한다. '공기 중에 떠다니며 입과 코를 통해 체내에 들어가는 눈에 보이지 않는 아주 작은 생명체로 … 심각한 병을 초래할 수 있다.'

로마인들은 청결한 물과 좋은 운동의 중요성을 잘 알고 있다. 영향력 있는 저명한 의학자 갈레노스는 '자신의 몸을 잘 돌보는 것이 좋은 운동의 출발'이라고 주장한다. 병에 걸린 사람은 주치의가 갈레노스의 추종자인지 물어보는 편이 좋을 것이다. 갈레노스는 일반적으로 '무엇보다도, 해를 입히지 말라'라는 히포크라테스의 조언을 따르기 때문이다.

하지만 모든 의사가 그런 것은 아니다. 기형적인 등을 치료한 사례에 관한 기록에 따르면 의사는 '곱추의 척추를 따라 … 아주 커다란 돌 세 개를 놓았다.'고 한다. 환자는 결국 돌에 깔려 죽었지만 빈정대는 말투의 기록에 따르면 '통치자보다도 등이 곧은 상태로 죽었다.'고 한다(그리스 선집 9.120).

대☆ 카토는 의사란 로마 민족을 박멸시키려고 작정한 공모자라며 아들에게 의사를 조심하라고 경고했다. 카토는 아이를 튼튼하게 기르는 가장 좋은 방법은 정기적으로 양배추만 먹는 사람의 소변으로 목욕을 시키는 거라고 주구장창 주장하기도 했다(심각한 유머를 즐기는 성가신 로마인들 때문에 카토가 당시에 얼마나 진지했는지는 알 수 없다).

많은 의사가 약과 함께 기도 처방이나 부적을 사용한다. 이는 '해가 되지는 않을 것이다. 게다가 누가 알겠는가? 도움이 될지도 모르지 않는가.'라는 널리 통용되는 생각을 바탕으로 한다.

대청(고대 영국 병사들을 겁에 질리게 만든 물질)은 유용한 항생제로 많은 로마인이 사용한 와인이나 식초보다 훨씬 유용하다. 화상은 보통 포도의 타닌으로 치료하며 과다 출혈을 막기 위해서는 특정 나무에서 나오는 수지를 붕대 아래 바르기도 한다. 벌레에 물려 감염된 부위나 궤양 등에는 칼라민 로션이 효과적이며 진통제로는 양귀비 주스를 사용한다. 심각한 치통에 시달리는 환자의 경우 감염 부위에 양귀비 꽃봉오리를 갖다 대기도 한다(이 때에는 반드시 침을 삼키지 말고 뱉어야 한다. 체내가 받아들일 수 있는 아편의 양은 한정되어 있기 때문이다).

켈수스는 '무언가에 물릴 경우 언제든 특정 종류의 독에 감염될 수 있다.'고 말한다. 무언가에 물릴 경우 물린 부위를 즉시 식초로 닦

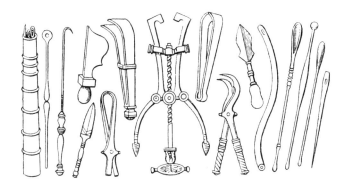

수술도구들

아야 한다. 안타깝게도 광견병이 유행하고 있으며 로마인들이 아는 유일한 치료방법은 물린 부위를 곧바로 지진 뒤 가능할 경우 즉시 절단하는 것뿐이다. 켈수스가 말했다시피, 광견병에 걸릴 경우 환자에게 물을 마시게 할 수는 있지만 병균이 신경계로 침투하면서 발생하는 치명적인 발작을 막을 수는 없다.

복장

공식적인 방문이 아닐 경우 토가를 챙길 필요는 없다. 게다가 토가는 로마 시민만이 입을 수 있다. 토가를 입을 경우 여름에는 숨이 막힐 정도로 덥고 겨울에는 옷 사이로 찬바람이 숭숭 들어온다. 게다가 양모로 만들어져 상당히 무거우며 입는 사람의 키보다 3배나 길다(너비가 3미터, 길이가 5미터가 넘는다). 커다란 반원형의 토가를 입기 위해서는 우선 직선으로 된 가장자리를 왼쪽 어깨에 걸친 뒤 등 뒤로 감싸면 된다. 그런 뒤 이 부위를 오른쪽 어깨 아래로 돌린 다음 다시 왼쪽 어깨 위에 걸친다. 고정 장치가 없기 때문에 왼쪽 팔꿈치를 계속해서 구부리지 않을 경우 옷이 풀릴 수 있다.

토가를 입는 데 능숙한 사람은 접힌 부위를 이용해 근사한 주름을 만들어내며 오른 팔 아래로 돌리는 직선 가장자리를 조심스럽게 접어 시누스sinus(움푹 들어간 곳이라는 뜻 — 옮긴이)라는 커다랗고 편안한 주머니를 만든다(누군가 꿈틀거리며 무언가에 들어갈 경우 움푹 들어간 곳에 자신을 밀어 넣었다insinuate고 하는 이유가 바로 이 때문이다). 하지만 뽐내기를 좋아하는 사람은 토가를 입을 때 보통 베스티플리쿠스vestiplicus라는 전문 노예의 도움을 받는다. 이 노예는 토가의 등 부위에 작은 모자처럼 약간 쳐지는 부위를 만들어 주인이 희생제를 올릴 때 머리에 뒤집어쓸 수 있도록 한다(특정한 날 희생제를 올리는 것은 공무원과 가장의 임무 중 하나다).

모든 로마 남자는 특정 행사 때 토가를 입는다. 공식적으로 남자가 되면 토가 비릴리스toga virilis를 입고 결혼식을 올릴 때에도 토가를 입으며 사망할 경우 수의로 토가를 두른다. 토가 물리에브리스toga muliebris를 입는 여자는 매춘부다. 점잖은 여성은 스톨라stola를 입는다.

스톨라는 앞, 뒤가 하나로 꿰매져 있는 일종의 튜브로 두 개의 브로치로 상단이 이어져 있어 팔과 머리 부분만 뚫려 있다. 여기에 조나^{zona}라는 두꺼운 벨트를 가슴 바로 아래 두르는데 이는 드레스에 특정한 형태를 부여한다. 하지만 드레스의 모양은 보통 팔라^{palla}라는 담요 같은 사각형 숄에 의해 다시 가려진다. 남성의 토가는 계층에 따라 엄격하게 제한을 받지만 스톨라는 취향에 따라 구현할 수 있는 염료만 있다면 색을 제한하지 않는다. 대부분의 염료는 채소나 광물로 만들며 지속성이 없다. 따라서 빨간색, 녹색, 파란색, 검은색 드레스를 만들 수는 있지만 모두 한 가지 색이 되곤 한다. 두 가지 색조로 된 드레스를 입어야 할 경우 한 가지 색은 반드시 보라색이나 파란색, 붉은 색이여야 한다. 이 색은 달팽이로부터 추출하는 고착 염료, 뮤렉스^{murex}로 만드는데 이 달팽이는 아주 귀해 염료 값이 상당히 비싸다.

여성의 옷이 다양하지 않다고 생각하는 사람이라면 아래의 개탄 어린 글을 살펴보기 바란다.

여성복 재단사, 보석상, 모직 가공사가 서성거린다. 주름장식, 보라색과 노란색으로 염색한 베일, 토시, 발삼 향이 나는 신발을 판매하는 이들도 있다. 그 다음에는 속옷 장사가 들리고 신발제작자와 쪼그리고 앉은 구두수선공, 슬리퍼와 샌들 판매인, 아욱 염료 중개인이 모습을 드러낸다. 곧이어 벨트 제작자가 떼 지어 몰려들고 거들 제작자가 따라온다. 당신은 이제 그들 모두에게 논을 지급했다고 생각할지도 모른다. 그 때 방직공과 레이스 중개인, 가구공이 수 백 명 나타난다. 그들은 베스티불룸에 교도소장처럼 들어와서는 당신이 정산해주기를 바란다. 결국 당신은 그들에게 진 빚을

갚는다. '이제 모두에게 돈을 지불했다.'고 생각하는 순간 샤프란
염색을 하는 녀석들이 무리지어 들어온다.
　　- 플라우투스, 《작은 금항아리》 508-22

　비공식적인 경우 로마인들은 연령과 사회 계층에 관계없이 튜
닉을 입는다. 이는 무릎 정도까지 오는 티셔츠로 중간에 벨트를 맨
다. 로마인들은 소지품을 튜닉의 허리 부위에 놓고 벨트로 고정하는
데, 그래서 로마의 도둑들은 보통 상대의 벨트를 가른 뒤 바닥에 떨어
지는 물건을 낚아채는 수법을 사용한다. 원로원의 튜닉은 넓은 띠(라
투스 클라부스latus clavus)로 차별화된다. 그들은 토가에도 이 띠를 두른
다. 원로원 바로 아래인 기사 계급 역시 띠를 두르지만 그들이 두르는
띠는 조금 더 얇다.

토가는 옷을 입는 사람에 대해 많은 것을 말해준다

토가 캔디다 Toga candida ⋯▸	선거 때 입는 토가(토가를 입은 인물이 후보다.)
토가 비릴리스 virilis(혹은 푸라 pura) ⋯▸	시민들이 입는 무염색의 흰색 토가
토가 프라에텍스타 Toga praetexta ⋯▸	미성년자나 정무관이 입는 토가
토가 풀라 Toga pulla ⋯▸	노동자나 상을 당한 사람이 입는, 어두운 색의 양모로 만든 토가
토가 픽타 Toga picta ⋯▸	개선장군이나 황제가 입는 보라색 토가
토가 트라비아 Toga trabea ⋯▸	사제가 입는 줄무늬 토가

　대부분의 사람은 수블리가쿨룸subligaculum(하체의 중요한 부분을 가리는
일종의 속옷 – 옮긴이)을 입는다. 말 그대로 '아랫단에 동여매는 작은 무
언가'를 의미한다. 이는 값비싼 비용과 타인의 조롱에도 불구하고 편

안함을 위해 실크로 만들 만한 가치가 충분하다. 여성의 경우 최초의 브래지어라 할 수 있는 가슴 띠, 마밀라레^{mamillare}를 착용한다.

여성들은 아무 신발이나 신을 수 있다. 그들이 입는 스톨라는 발을 덮을 만큼 충분히 길기 때문이다. 애인의 발을 보는 것만으로도 혈기 왕성한 로마 남성은 쉽게 흥분할 수 있기에 여성들의 발은 늘 덮여 있어야 한다. 보통 남성과 여성 모두 샌들을 신는 것이 일반적이다. 바깥을 돌아다닐 때에는 발전체를 덮는 샌들을 신는 것이 좋다(또한 늘 토가 아래에 신어야 한다). 하지만 실내에서는 이 샌들을 벗은 뒤 가벼운 끈 샌들로 갈아 신어야 한다. 거리의 흙과 먼지가 깨끗한 모자이크 바닥을 더럽히는 것을 원하는 사람은 없을 테니까.

특정한 날을 기리기 위해 매일 입는 튜닉 대신 잘 차려 입은 로마 가족(가까스로 덮인 부인의 발에 주목하라).

로마 속으로 한발 더

글라우디오 황제는 자신이 로마인이라고 거짓 주장한 죄로 잡혀온 남자를 심판하게 되었다. 황제는 남자가 혐의를 선고 받을 때에는 그리스 가운을 걸쳐야 하고 스스로를 변호할 때에는 로마 토가를 입어야 한다고 선언했다.

소小 카토는 당대의 타락한 사회를 혐오했다. 그는 튜닉을 걸치지 않은 채 토가를 입었으며 속옷을 전혀 입지 않았다.

음식

율리우스 케리알리스, 당신은 우리 집에서 근사한 저녁을 대접받을 것이오. 더 괜찮은 약속이 없다면 부디 오기 바라오. 우리는 함께 목욕을 할 것이고(당신도 알다시피 스테파누스 목욕장이 우리 집에서 상당히 가깝소) 당신은 그곳에서 8번째 시간이 되는 때를 알 수 있소(로마 저녁 케나는 늦은 오후에 먹으며 목욕장에는 손님이 시간을 파악할 수 있도록 해시계가 놓여있다.)

나는 와인을 마시고 저녁식사를 한 뒤 첩을 들였다.
···▸ 플라우투스, 《메나에크무스 형제》 476

우선 우리는 상추를 먹을 것이오. …또한 어미 리크에서 새로 돋
아난 순, 작은 매퉁이보다 큰 염장 참치, 계란과 잎으로 고명을 얹
은 참치, 중간 불로 구운 계란, 벨라브란 거리에서 숙성시킨 치즈,
피세니아 서리가 느껴지는 올리브가 나올 것이오. 이건 에피타이
저에 불과하오. 나머지 음식도 듣고 싶소? 당신이 꼭 오도록 거짓
말을 하겠소. 우리는 생선, 홍합, 암퇘지 젖통, 지방 가득한 가금류,
배가 꽉 찬 새 요리를 먹을 것이오.

　　 - 마르티알리스,《경구》11.52

　　로마인들은 음식을 중요하게 생각하며 식사는 대부분 사교적인
행사로 간주된다. 마르티알리스의 위와 같은 환상에도 불구하고 고
기는 로마인들의 식단에서 중요한 부분을 차지하지 않는다. 하지만
채소와 치즈는 충분하다. 로마 사회가 번성하면서 많은 로마인이 일
주일에 한 번 혹은 그 이상으로 고기를 먹는다. 보통 가금류를 먹지만
돼지고기나 소고기를 먹기도 한다(혹은 다른 고기로 채워진 젖먹이
돼지고기인 '트로이 돼지고기'처럼 둘을 함께 먹기도 한다).
　　타운하우스에는 보통 부엌이 딸려 있다. 부엌에는 음식을 데우
기 위한 다양한 크기의 가마솥이 있으며 진흙으로 만든 벌집 모양의
구조물인 오븐도 있다. 나무나 숯으로 가열하는 오븐이 적정한 온도
에 달하면 재를 긁어낸 뒤 그 안에 음식을 넣는데, 대부분의 인술라에
는 오븐을 설치하는 게 법적으로 금지된다. 화재 시 탈출이 힘들만큼
치명적인 곳이라는 합리적인 이유에서다. 대부분의 로마 시민은 방

로마의 조리도구들

앗간 주인에서부터 제빵사에 이르기까지 다양한 사람들로부터 직접 곡물을 할당 받으며 이를 빵으로 만들어 집으로 가져온다. 정말로 가난한 이들은 곡물을 가공할 수조차 없기 때문에 삶은 밀을 주로 먹는다. 이를 보완하기 위해 도시 곳곳 특정 거리에는 정기적으로 식료품 시장이 열린다. 장이 설 때에는 거리에 차량 대신 옷과 농작물을 판매하는 긴 행상이 들어선다(쇼핑은 131페이지 참고). 하지만 신선한 생선을 원할 경우 상설 시장을 방문해야 한다. 이곳에 가면 무거운 석조 탁자에 물로 가득 찬 어항이 박혀 있는데 그 안에는 살아 있는 물고기가 헤엄치고 있다. 하지만 지중해에는 물고기가 번창할 수 있는 연안 대륙붕이 드물어 생선을 구하기가 쉽지 않기 때문에 가격이 비싸다

도착

는 사실을 명심하기 바란다.

　노동자 계층이 사는 인구 밀도 높은 계곡의 언덕 사이로 길가에 면한 거의 대부분의 가게는 식당이다. 로마에 사는 수많은 민족을 위해 그들이 즐겨 찾는 간식을 파는 곳도 있으며 차양 아래서 휴식을 취하는 고객을 위해 제대로 된 한 끼 식사를 제공하는 식당도 있다. 와인은 공짜로 제공된다. 아프리카나 팔미라에서 수입한 대추 같은 별미 역시 마찬가지다. 이곳을 방문하거든 과일 주스나 와인에 적신 건조 과일, 견과류, 케이크, 향신료로 속을 채운 씨 뺀 대추 같은 맛있는 디저트, 둘치아 도메스티카^{dulcia domestica}를 한 번 맛보기 바란다.

　로마인들은 음식에 향신료를 듬뿍 치는 것을 좋아한다. 음식의 저장법을 잘 모르는 사회에서는 최고의 맛을 내는 시기가 지난 음식을 조미료의 톡 쏘는 자극적인 맛으로 덮을 수 있기 때문이다. 많은 음식에 톡 쏘는 듯한 소스 가룸^{garum}이 들어가는데, 이는 보통 스페인이나 중동에서 수입한다. 가룸의 알싸한 맛을 제대로 음미하려면 소스를 만드는 방법을 알아두기 바란다. 우선 생선 내장을 비롯해 새우나 멸치 같은 작은 물고기를 통째로 커다란 통에 넣은 뒤 소금에 절인다. 이 배합물이 발효되도록 한 동안 놔둔 뒤 커다랗고 얕은 대야에 놓고 햇볕을 쬐인다(이 때 와인을 넣을 수도 있다). 그렇게 한 달이나 두 달 '숙성'시킨 뒤에는 발효된 혼합재료(리쿠아멘^{liquamen})를 촘촘하게 짠 나무 바구니에 거른다. 혼합물을 암포라에 넣고 로마로 보내기 전에 끓인 포도 주스를 첨가할 수도 있다.

설치동물 요리

기름기 없는 돼지고기
고기를 곁들인 동면쥐류 (동면쥐류가 없을 경우
게르빌루스쥐나 햄스터로 대체할 수 있다)
후추 간 것
혼합 견과류
레이저^{laser} 잎 몇 장(겨잣과나 아르굴라로
대체할 수 있다)
리쿠아멘^{liquamen} 아주 조금

동면쥐류 안에 넣을 수 있을 정도가 되도록 혼합물을
두드려 반죽을 만든다. 속을 채운 동면쥐류를 흙으로
된 캐서린용 접시에 넣는다. 냄비를 끓인다. 오븐에 구
울 수도 있다(귀를 태우지 않도록 주의하기 바란다!).

로마인들은 짭짜름한 음식에조차 꿀과 과일을 넣어 특유의 달
콤하고 시큼한 맛을 낸다. 이번 장은 시대를 초월하는 로마의 요리 작
가 아피키우스의 글로 마치고자 한다. 아피키우스의 레시피(일부는
21세기 용어로 번역되었다)와 원로원 의원 플리니우스가 준비한 화

려한 식사에 관한 글이다.

자, 내 친구들이여! 저녁식사에 오기로 해 놓고 나타나지 않았구려.
음, 정의는 실현될 것이오. 당신은 내가 식사 준비를 위해 아끼지
않고 쓴 데나리우스를 전부 갚아야 할 것이오. 경고하니 절대로 적
은 액수가 아니오.

당신이 알고 싶을까봐 말하는데 나는 상추와 달팽이 세 마리, 계란
두 알, 보리 케이크를 준비했소. 달콤한 와인과 눈(눈에 대해서는
반드시 당신에게 청구할 거요. 눈이 지금 샐러드 위에서 녹고 있기
때문이오)도 곁들였지. 올리브, 비트, 박, 양파, 그밖에 천 개가 넘
는 화려한 진미가 당신들을 기다리고 있었소.

　- 플리니우스 세쿤두스가 셉티티우스 클라루스에게, 《편지》 11

로마 속으로 한발 더

　로마에서 찾을 수 없는 음식으로는 토마토, 감자, 땅콩, 쌀, 사
탕수수로 만든 설탕, 초콜릿, 증류주, 파스타가 있다.
　동방에서 온 향신료, 호두, 페르시아에서 온 특별한 빵 등 일부
음식은 먼 지역에서 수입된다.
　달팽이는 별미 음식으로 특수 농장에서 대량으로 양식한다.

식사초대, 사교행사, ─────
로마 이름, 사회 계급,
노예, 가족

식사초대

로마에는 외국인이 많이 거주한다. 따라서 외국인의 경우 사회적으로 부적절한 행동을 하더라도 어느 정도 허용이 된다. 그렇기는 하지만 로마 사회는 상당히 거만하고 계급 중심적이기 때문에 실수를 최소화하는 편이 바람직하다.

우리가 만날 때 실력이 형편없는 이발사 때문에 내 머리 모양이 엉망이더라도 웃어주구려.
내 가운이 비딱하고 셔츠가 누더기 같더라도 웃어주구려. 그래도 내 튜닉은 새 것이오.

　－ 호라티우스, 《서한》 1.1

렌툴루스의 집에서 만찬을 한 뒤 배탈이 났다. …굴과 칠성장어는 자제했지만 사탕무우 때문에 그렇게 되었다.
⋯➔ 키케로, 《친구에게 보내는 편지》 7.26

음식에 관한 유대인과 시리아인, 이집트인과 로마인의 의견이 모두 옳을 수 있을까?
⋯➔ 에픽테토스, 《담화록》 1

아르키아의 의자에 앉아도 괜찮으시다면, 고기 없는 풍족하지 않은 식사도 괜찮으시다면 해가 진 뒤 저희 집에 오시기 바랍니다.
⋯➔ 호라티우스, 《서한》 1.5

유비무환이다. 따라서 로마 사회와 문화, 특히 사회적 교류의 최고봉이라 할 수 있는 저녁식사 자리에서 어떻게 행동해야 할지에 관해 기본적인 사항을 살펴보자.

로마를 방문하는 이들은 저녁식사에 수차례 초대받게 된다. 이는 자선이나 환대 차원이 아니다. 저녁식사 자리는 새로운 방문객을 파악하고 식사를 주최한 사람이 그와 상호 이로운 관계(아미키티아

amicitia)를 맺을 수 있을지 살펴볼 수 있는 좋은 방법이기 때문에, 혹은 방문객이 상당히 이국적이라 다른 손님들을 즐겁게 해줄 수 있기 때문에 마련되곤 한다.

이러한 초대를 받을 경우 주최자에게 여러 가지 질문을 던지자. 주최자는 이러한 질문을 예상해 적정한 답을 미리 준비했을 것이다. 예컨대 식사자리가 정식 만찬인 케나cena인지, 간단한 스낵과 함께 즐기는 술자리인 심포지움symposium인지 확인한다. 케나의 경우 술이 '그리스 양식(거하다는 의미)'으로 제공되는지 물어보아야 한다. 집으로 돌아갈 때 가마가 필요할 수 있기 때문이다. 비공식적인 자리에서는 평범한 튜닉을 입으며 보다 공식적인 자리에서는 신세시스synthesis라 불리는 튜닉을 입지만 상당히 공식적인 자리가 아니고는 토가를 입지 않는다.

초대받은 손님은 냅킨을, 그것도 상당히 큰 것으로 직접 가져가야 한다. 로마인들은 요리를 하고 음식을 내놓을 때에만 포크를 사용하며 식사를 할 때에는 보통 손가락을 이용하기 때문이다. 그들은 향신료와 소스를 매우 좋아하기 때문에 저녁식사 자리는 상당히 지저분해질 수 있다. 식사가 끝난 뒤 손님들은 자신이 즐긴 음식이 남을 경우 이를 집으로 싸갈 수 있다. 이 때 냅킨은 일종의 봉지로 사용될 수 있다.

점잖은 부인은 보통 저녁식사에 직접 초대받지 않으며 남편과 동행한다. 또한 남편과 함께 저녁식사 자리를 주최하기도 하며 친구들과는 조찬 모임을 갖는다.

저녁식사가 늦어지는 경우는 없다. 그도 그럴 것이 로마인들은 동이 트기 한, 두 시간 전부터 저녁식사 준비를 시작하기 때문이다. 로마인들은 모두가 아침형 인간으로 아침식사 전에 몇 시간 정도 일을 하거나 해가 뜰 무렵 남의 집에 볼일을 보러 가는 것을 아무렇지 않게 생각한다. 이른 시간에 학생들은 등교를 하고 장사꾼은 가게 문을 열며 노예들은 바삐 움직이며 모두를 깨운다. 따라서 대부분의 로마인은 이른 오후가 되면 하루 중 가장 더운 시간을 조용한 낮잠으로 보낼 준비가 된 상태다.

로마인들은 낮잠을 잔 뒤 목욕을 하러 간다. 과거 대부분의 로마인은 장날마다, 즉 9일마다 목욕을 했다. 하지만 요새처럼 퇴폐적인 시기에는 최소한 이틀에 한 번 꼴로 목욕을 한다. 목욕장에서 가장 따뜻한 공간인 온탕 칼라디움^{caladium}에 몸을 담근 뒤 미온탕 테피다리움 ^{tepidarium}에서 몸을 식히고 하루 중 10번째 시간에 저녁식사를 할 준비를 마친다.

손님들은 저녁식사 장소에 도착해 실내화로 갈아 신은 뒤 고대 호텔 지배인 격인 트리클리니아르카^{tricliniarcha}와 인사를 나누고 그의 식당, 트리클리니움^{triclinium}으로 안내를 받는다(시설이 덜 갖춰져 있거나 오래된 집에서는 중정에서 식사를 하기도 한다). 저녁식사는 로마 사회생활의 중요한 부분을 차지하기 때문에 주인은 최대한 호화롭게 집을 꾸민다. 바닥은 사냥 장면이나 차려진 음식을 재치 있게 묘사한 모자이크로 장식되어 있을 것이다. 하지만 두개골이나 유골 전체, 장례식 장면과 마주치더라도 놀라지 마라. 로마인들은 이 으스스

한 소품들을 의식하며 인생을 한껏 즐길 경우 짜릿한 기분이 배가 된다고 생각한다.

최고의 식당은 한쪽 면이 열려있는 식당이다. (집이 언덕에 위치해 있을 경우) 도시의 경관이 내려다보이기 때문이며 그렇지 않을 경우 최소한 소박한 정원을 바라볼 수 있기 때문이다. 벽에 걸린 프레스코화는 보통 정원이나 시골의 모습을 담고 있기 때문에 식사하는 이들은 답답한 도시 벽을 넘어서 아르카디아 언덕 어딘가에 있는 숲속 작은 빈터 같은 유토피아를 상상할 수 있다. 집주인은 이처럼 우아한 식사 공간이 있지만 그곳에서 매일 식사하지는 않을 것이다. 그는 보통 아내와 자식을 비롯해 자신이 아끼는 자유민 몇 명과 함께 작은 방에서 식사를 하는데, 이 때 가장은 침대 의자에 앉고 나머지 사람들은 평범하고 실용적인 의자나 스툴에 앉을 것이다.

트리클리니움에는 세 개의 커다란 식사용 침대 의자가 있는데 하나는 벽을 등진 채 앞에 보이는 경관을 바라보도록 놓으며 다른 하나는 그 왼쪽에, 또 다른 하나는 오른쪽에 위치한다. 식당의 한 면은 식사하는 이들이 경치를 감상하는 한편 하인들이 시중을 들 수 있도록 비워둔다.

식사용 침대 의자에는 최소한 3명의 사람이 비스듬히 엎드릴 수 있을 만큼 크며 식탁을 향해 45도 각도로 놓여 있다. 이곳에서 사람들은 왼쪽 팔꿈치를 기댄 채 식사를 한다. 집안의 부인이 식사 자리에 참석할 경우 보통 평범한 의자에 앉는다. 가정 내 처리해야 할 일이 발생할 경우 자리에서 쉽게 일어나기 위해서다.

손님들은 식당에 들어가는 즉시 자리에 앉는다. 주인은 왼쪽 침대 의자의 가장 끝 쪽에 기대 누워 주요 고객 옆에 자신의 머리가 위치하도록 한다. 주요 고객은 주인과 가장 가까이 놓인 벽을 등진 침대 의자에 앉는다. 그 다음으로 중요한 손님 두 명이 그 옆에 앉으며 그보다 조금 덜 중요한 손님 두 명은 주인과 같은 침대 의자에 앉고 반대편 침대 의자에 나머지 세 명이 앉는다.

> 카시우스는 저녁식사 파티를 주최했는데 브루투스는 이곳에 친구들을 초대했다. 손님들이 자리를 잡고 식사를 하려는 순간 목욕을 갓 마친 파보니우스가 도착했다. 브루투스는 그를 초대한 적이 없다며 하인에게 가장 끝에 위치한 침대 의자로 그를 데려가라고 명령했다. 하지만 파보니우스는 그들을 밀치고 정중앙에 놓인 침대에 앉았다.
> – 플루타르코스, 《브루투스의 삶》 34

식사는 가정의 수호신인 라레스에 제물을 마치는 것으로 시작될 것이다. 로마의 종교는 다양하다. 작은 신들이 온갖 들판과 계곡, 수풀에 살고 있으며 모든 가정에는 저마다 가족의 건강과 운을 관장하는 수호신이 있다는 의미다.

나무, 점토, 백랍, 청동, 은이나 금 등 다양한 소재로 만든 접시와 날붙이류가 사용될 것이다. 그보다 여유가 있는 가정일지라도 점토나 나무로 만든 접시에 음식을 대접함으로써 로마 전통의 절제력을

사회생활

보여주기도 한다(한 때는 은이나 금식기를 지나치게 많이 사용하는 것이 불법이었다). 이는 점토나 나무가 음식을 오랫동안 따뜻한 상태로 유지시켜 준다는 실용적인 이유 때문이기도 하다. 사모스인들이 사용하던 식기류는 독특한 붉은 점토로 제작되었는데, 주인은 이 그릇이 비록 점토로 만들어졌지만 돈 주고 살 수 있는 최고의 점토라는 사실을 강조한다.

기원전 1세기 중반에는 유리를 부는 방법이 발명된 상태였기 때문에 유리제품이 점차 술잔으로 사용되기 시작했다. 식사 도중 제공되는 와인은 물숨^{mulsum}으로 꿀이 들어간 차가운 화이트와인이다. 강한 향신료가 들어간 음식들 중간 중간에 입을 헹구는 한편 식사 후에 제공되는 더 훌륭한 와인을 즐길 수 있도록 이 물숨을 비롯해 함께 제공되는 롤빵을 잘 이용하기 바란다.

손님들이 서로를 알아가고 주인이 각 손님을 어떻게 대하는지 살펴보기 위해 가벼운 수다가 오가는 가운데 첫 번째 코스(구스타티오^{gustatio}: 보통 계란, 아스파라거스를 넣은 샐러드, 염장한 생선이나 동면쥐류)가 제공된다.

나는 한 남자와 함께 우연히 저녁식사를 하게 되었다. …그가 우아하고 김소한 식사라 부르는 것이 나에게는 탐욕스러울 정도로 사치스러워 보였다. 가장 정성을 들인 음식은 그를 비롯해 선택된 몇 명의 손님에게만 대접되었고 나머지 사람들에게는 저렴한 음식이 제공되었다.

그는 세 가지 종류의 와인이 담긴 작은 술병을 내놓기까지 했다. 손님들에게 선택할 기회를 주기는커녕 아예 고를 수 없도록 만든 것이다. 하나는 그 자신과 나를 위한 것이었고 다른 하나는 낮은 계급(그는 계층에 따라 우정을 측정하는 사람이다)의 친구들을 위한 것이었으며 마지막 하나는 자유민과 광부를 위한 것이었다. 나와 같은 식탁에 앉은 이가 이를 알아차리고는 나에게는 이러한 대접을 받아들일 수 있는지 물었다. 나는 아니라고 대답했다.

'그렇다면 당신은 어떻게 하오?' 그가 물었다.

'나는 모두에게 동일한 음식을 제공하오. 내가 손님을 초대하는 건 그들에게 식사를 대접하기 위한 것이기 때문이오. …나는 그들 모두를 동등하게 취급하기 때문에 모든 것을 동일하게 대접하오.'

'자유민에게조차 그렇소?'

'물론이오. 내가 초대한 식사 자리에서 그들은 자유민이 아니라 내 손님이기 때문이오.'

'그거 참 돈이 많이 들겠소.'

'전혀 그렇지 않소. …내가 초대한 자유민은 내가 마시는 와인을 마시지 않지만 나는 그들이 마시는 와인을 마시기 때문이오.'

   – 플리니우스, 《편지》 2.6

주 요리는 고기, 사냥감, 가금류 등으로 톡 쏘는 소스에 적셔 그 아래 무엇이 있는지 판단하기가 쉽지 않다. 우유로 살찌운 달팽이나 잘 삶은 공작의 뇌 같은 진미를 꺼려하는 손님이라면 다행이라 할 수 있다. 최소한 음식은 작은 그릇에 제공되기 때문에 손님들은 자신이 먹고 싶은 음식을 직접 고를 수 있다.

> 나는 당신이 카디스 출신의 소녀들이 도발적인 춤을 추며 엉덩이를 흔드는 모습을 억지로 보게 하지는 않겠소. 내 노예 콘딜루스가 플루트를 연주할 것이오.
>
> - 마르티알리스, 《경구》 78

저녁식사 자리의 분위기는 어떠한 오락거리를 즐기느냐에 달려 있다. 보통 철학자들의 낭독, 키타라(하프 비슷한 악기 - 옮긴이) 연주, (때로는 주인이 직접 쓴) 시 낭독 등이 이어질 것이다. 로마인들은 교양을 쌓는 것을 아주 중요하게 여기기 때문에 고상한 저녁식사의 분위기를 흐트러뜨리는 선정적인 무희를 업신여긴다(최고의 무용수는 현 지명으로는 카디스인 가데스 지역 출신이다).

주 요리가 끝난 뒤에는 설탕 절임, 케이크, 신선한 과일과 견과류 등의 후식이 넘칠 만큼 제공될 것이다.

후식이 나온 뒤에는 편안한 분위기 속에서 갈리아, 스페인, 이탈리아 산 와인을 즐기며 저녁의 주요 행사를 관람하게 된다. 극작가 플라우투스, 광대, 곡예사의 과장된 희극이 펼쳐지며 검투사가 연습 시합을 펼치기도 한다. 이 자리에서 사업을 논하는 것은 좋지 않지만 (손님들은 오늘 만났으므로 사업은 내일 논하면 된다) 철학이나 사회적 의견, 친근한 농담은 언제든 환영이다. 플루타크와 아울루스 겔

청동 좌석   은그릇과 국자

저녁식사

리우스는 저녁식사 이후 이루어지는 이런 토론에 관한 책을 쓰기도
했다. 유쾌한 자리는 자정이 되어서야 파할 것이다(그다지 나쁠 건
없지만 내일 아침 기상 시간이 새벽 4시라는 점과 집에 가는 데 걸리
는 시간을 고려하면 꽤 늦은 시간이다!).

로마 속으로 한발 더

대부분의 로마인이 저녁식사에 초대하기에 적정한 손님의 수는 4명 이상 9명 이하라는 '바로의 규칙'을 따른다.

로마 요리사의 말에 따르면 칠성장어는 임신한 상태에서 잡아야 최고의 맛을 낸다고 한다.

로켓(겨잣과의 식물−옮긴이)은 정력제 같은 효과가 있다고 여겨졌기 때문에 인기 있는 샐러드였다.

사교행사

로마인은 새로운 사람을 만날 때 상대의 출신과 직업에 큰 관심을 보인다. 첫 대화에서 이 새로운 지인과 아미키티아를 유지할 만한 가치가 있는지 없는지 어떻게 판단을 내리는지에 따라 두 번째 만남에서 상대를 대하는 태도가 결정된다. 아미키티아는 '우정'으로 번역되지만 로마 철학자 세네카가 명명한 '상호 유용성'이 본래 의미에 더 가깝

'하지만 이건 내게 걸맞은 일이 아니다.'라고 당신은 말한다. 그렇다면 이에 관해 자세히 언급해야 하는 이는 내가 아니라 당신이다. 당신 자신을, 즉 당신이 스스로에게 얼마나 가치 있는지, 스스로를 얼마에 팔 것인지 아는 사람은 당신이기 때문이다. 사람이 스스로에게 붙이는 가격은 다양하기 때문이다.
…→ 에픽테토스, 《담화록》1

다. 아미키티아는 아미커스(아미커스^{amicus}는 '친구'와 '유용한 지인' 중간쯤을 의미한다)와 선물이나 호의를 주고받는 것을 의미한다. 로마 사회는 이러한 '우정'의 서로 맞물리는 네트워크로 이루어지며 로마인들이 서로에게 베푸는 호의(베네피키아^{beneficia})는 그들의 사회적 통화다.

우리는 나중에 우리에게 도움을 주기를 바라는 상대를 위해 기꺼이 의무를 이행한다.
⋯, 키케로,《의무론》47

하지만 이는 그렇게 간단하지만은 않다. 예를 들어 아미커스가 누군가에게 자신이 알고 있는 다른 아미커스를 위해 부탁을 할 경우 아미커스가 이 부탁을 들어줄 의무가 있는지, 친구의 친구가 그에게 얼마나 중요한지에 대해 미묘한 협의가 이어진다. 호의를 베풀지 않고 지나치게 많은 베네피키아만을 수용할 경우 우선순위에서 밀리는 의뢰인이 될 수 있다. 의뢰인은 후원자^{patron}가 제공해준 도움을 전부 되갚아야 할 의무는 없지만 필요할 경우 대출을 해주거나(수많은 의뢰인을 통하면 상당한 금액을 모을 수 있다) 후원자를 따르는 이가 얼마나 많은지 보여주기 위해 공개적으로 후원자 주위에 모이는 등 다른 의무를 지니고 있다. 훌륭한 의뢰인은 아침에 후원자의 집으로 찾아가 일종의 아침 문안 인사인 살루타티오^{salutatio}를 건넬 것이다.

살루타티오에서 의뢰인은 후원자에게 고민을 상담할 수 있으며 후원자는 다른 의뢰인 중에서 가장 훌륭한 해결책을 제공해줄 만한 사람을 찾을 것이다. 예컨대 파브리쿠스가 그의 후원자에게 자신의 딸이 남편감을 찾고 있다고 말할 경우 후원자는 이 문제를 적정한 나이와 사회적 지위를 갖춘 아들이 있는 고객 스타티우스에게 말할 것이다. '파트로누스patronus'는 말 그대로 '큰 아버지'라는 의미이지만 기억하기 쉽게 '대부'라고 번역되기도 한다는 사실을 언급하는 것이 좋겠다.

일반적인 로마 인사는 '거수 경례'와 '안녕하세요'의 중간쯤을 의미하는 아베ave다. 따라서 매리라는 여성을 만난 로마인은 아베 마리아ave maria라고 인사를 할 것이다. 그 다음에는 퀴스 아지스quis agis라고 물을 것이다. 이는 '무슨 일이야?'나 '어떻게 지내?'라는 뉘앙스의 '뭐해?'라는 의미다. 헤어질 때에는 왈레vale라고 말하며 급한 사람은 빠르게 아베 아트퀘 왈레ave atque vale라고 인사한다. '안녕, 잘 가'라는 뜻이다.

유명 인사의 경우 수많은 '친구'를 기억해야 하므로 상대가 다가올 때 그의 이름과 그에 관한 세부정보를 말해줄 수 있는 기억력 좋은 하인을 바로 옆에 두기도 한다.

로마 속으로 한발 더

논쟁의 대상이었던 정치인 리비우스 드루수스가 친구에게 퀴스 아지스 'Quis agis?(뭐 하고 있나?)'라고 묻자 인상 깊은 답이 돌아왔다. '그보다는 드루수스, 자네가 대체 뭘 하고 있는지 말해 주게나!'

아우구스투스 황제의 노예는 황제가 만나는 사람들의 이름을 기억하는 데 젬병이었고 좌절한 주인은 빈정거리는 말투로 그를 소개장이 넘쳐나는 포룸으로 보내라고 명령했다.

황제는 프라이노멘praenomen(첫 번째 이름)의 일종으로 '임페라토르'라는 명칭을 사용했다.

로마 이름

이제 로마 이름을 살펴볼 차례다. 로마 남성은 보통 3~4개의 이름을 지니며 로마 여성은 단 하나의 이름밖에 갖지 못한다. 로마 남성의 첫 번째 이름(프라이노멘)은 보통 가까운 친구나 가족 간에만 사용된다. 예를 들어, 율리우스 카이사르, 아우구스투스, 칼리굴라의 어머니는 모두 자신의 아들을 '가이우스'라 불렀다(여기서 끝이 아니다. '가이우스'는 보통 'C'로 축약된다. 따라서 가이우스 율리우스 카이사르는 C. 율리우스 카이사르로 적는다).

중간 이름은 겐스^{gens}, 즉 씨족의 이름이다. 이 씨족은 상당히 광범위할 수 있으며 '율리우스'라 불리는 두 사람은 21세기에 맥도날드라는 이름을 가진 두 사람이 그렇듯 먼 친척 관계일 수 있다. 장남은 보통 아버지의 이름을 따르기 때문에(티투스 라비에누스의 아들은 같은 이름으로 불릴 것이다) 로마인들은 혼란을 최대한 줄이기 위해 이름 끝에 별명을 붙인다. 이 별명(코그노미나^{cognomina})는 보통 개인적인 특징을 바탕으로 한다. 스트라보(사팔눈), 펠릭스(운이 좋은), 포스투무스(아버지가 사망 후에 태어난 자식), 카이사르(곱슬머리)가 그렇다. 안타깝게도 이 별명은 대물림되기도 해 아피우스 클라우디우스 폴케르(폴케르^{pulcher}는 '미'를 의미한다)가 누구인지 파악하기란 쉽지 않다. 수 세대에 걸쳐 그러한 이름을 가진 자가 여럿 존재하기 때문이다.

입양된 사람은 이름 끝에 '아누스-anus'가 붙는다(라틴어로 anus는 '오래된'을, 특히 주름진 늙은 여성을 의미한다). 예를 들어, 아우구스투스는 황제가 되기 전 옥타비아누스^{Octavianus}라 불렸다. 그는 원래 옥타비아누스 가문 출신이었기에 율리우스 카이사르에게 입양되자 카이사르 옥타비아누스가 되어야 했나(하지만 그는 그냥 '카이사르'라고 불러달라고 우겼다).

여성들은 아버지의 겐스에서 취한 한 개의 이름을 갖는다. 율리우스 카이사르의 딸은 율리아다. 클라우디스의 딸은 클라우디아이며 코르넬리우스 스키피오의 딸은 코르넬리아다. 논리적인 로마인들에게 이러한 방식의 단점이 보이지 않는 듯하다. 이 방법 때문에 여성들은 매력 없는 이름을 갖게 될 뿐만 아니라(카토의 딸은 포르시아라 불렸다) 두 명 이상의 자매가 같은 이름을 갖게 되어 결국 큰 칼푸르니아, 작은 칼푸르니아, 아기 칼푸르니아, 혹은 첫째 칼푸르니아, 둘째 칼푸르니아 등으로 불리게 된다.

로마 프라이노멘의 축약형

A. 아울루스	M. 마르쿠스
Ap. 아피우스	P. 푸블리우스
C. 가이우스	Pro. 프로쿨루스
Cn. 네우스	Q. 퀸투스
D. 데키무스	Ser. 세르비우스
K. 체소	Sex. 섹스투스
L. 루시우스	Sp. 스푸리우스
Mam. 마메르쿠스	T. 타이투스
M'. 마니우스	Ti. 티베리우스

사회 질서

로마는 상당한 계급 사회다. 모두가 자신의 위치를 알고 있으며 이는 때로는 말 그대로 자신이 앉아야 할 좌석을 의미한다. 콜로세움에서 정해진 자리에 앉지 않을 경우 웃음거리가 될 수 있다. 콜로세움의 특정 좌석은 원로원과 기사계급만 앉을 수 있으며 여성과 노예는 꼭대기 층의 후면에 앉아야 한다. 로마의 사회 질서는 아래에서부터 위까지 노예, 외국인, 자유민, 일반 시민, 기사, 원로원, 황제로 이루어져 있다. 하지만 현실적으로는 이보다 유연해 일부 자유민은 상당히 부유하고 중요한 인물이 될 수 있으며 황제가 원로원이 되기도 한다. 한편 집안일을 하는 노예는 밭일을 하는 노예를 얕보며 노예로 태어난 사람은 이국에서 잡혀온 노예를 경멸한다.

노예

해방이 되는 순간 자유가 되는 노예는 자유민이 되면서 자신을 해방시켜준 가족의 준 구성원이 된다. 그렇기 때문에 자유인으로 태어난 시민은 황제의 자유민보다 실질적으로는 신분이 높지만 황제의 자유민은 황실 가족의 준 구성원이므로 이들의 환심을 사기 위해 노력해야 한다. 로마 시민의 자유민은 자동적으로 로마 시민이 된다.

노예 소년

'그렇다면 우리는 어떻게 이 노예 같은 이들을 받아들여야 하겠소?' 당신과 동일한 씨에서 나왔으며 동일한 혈통을 지닌 아들이

자 제우스의 창조물인 당신의 형제를 용납하지 않는다면 당신 스스로 노예나 다름없소. 하지만 그렇게 높은 자리에 앉는다면 당신은 즉시 독재자가 될 것 아니오?

— 에픽테토스, 《담화록》 1.13

로마 국적을 취하고자 하는 비시민권자가 로마인과 결혼한다고 해서 로마인이 될 수 있는 것은 아니다. 하지만 로마의 노예가 되었다가 자유민이 되는 것이 한 가지 방법이 될 수 있다. 물론 로마 시민이 되고자 하는 사람은 자신의 주인이 되려는 로마인에게 충직해야 하지만 이러한 부정직한 방법은 로마 전체에서 공공연하게 자행되고 있다.

로마인과 노예 간의 애매모호한 관계는 잔인한 것으로 유명한 대大 카토의 사례에서 확실히 알 수 있다. 그는 노예를 '말하는 도구'라 불렀으며 그들이 나이가 들어 짐짝이 되기 전에 팔아버려야 한다고 주장했다. 하지만 그는 노예 몇 명을 해방시켜주었을 뿐만 아니라 자유민의 딸과 결혼하기까지 했다(참고로 로마법에서는 결혼할 목적에 해방시켜준 것이 아닌 한 옛 주인이 자유민 여성과 억지로 결혼할 수는 없다).

노예를 다룰 때에는 조심해야 하며, 로마인들은 노예 상태를 누구에게나 일어날 수 있는 불행한 고통으로 본다는 점을 반드시 명심해야 한다.

'단지 노예'라는 이유로 상대에게 무례하게 굴기 전에 그가 주인의 훌륭한 친구라는 점을 기억하기 바란다. 어떤 노예는 전 주인의 상속자나 입양아가 되기도 한다. 하지만 로마에는 극단적일 정도로 잔인하고 무정하며 가학적인 사례가 넘쳐난다. 지금과는 기준이 전혀 다른 시대인 것이다.

운명의 혜택 덕분에 (한 때 노예였던) 나는 자유민이자 로마 시민이 되었다.
···➤ 가이우스 미그도니우스의 묘비

친구여, 노예 역시 사람이오. 그들 역시 우리와 마찬가지로 어미의 젖을 먹고 자랐지만 큰 불운이 닥친 것뿐이오. 하지만 운이 따른다면 내 노예들 역시 자유를 맛보게 될 거요. ···나는 유언을 통해 필라르지루스에게 농장을 남겼소. 그는 현재 그의 여자친구인 다른 노예도 상속받게 될 거요.
　－ 트리말키오의 독백, 페트로니우스의 《사티리콘》 71

로마 속으로 한발 더

　원로원은 노예가 눈에 띄는 옷을 입어야 한다는 발의에 반대했다. 그들이 얼마나 많은지 상기시킬 수 있다는 이유에서였다.
　노예가 주인을 살해할 경우 해당 가정의 모든 노예가 처형되어야 한다.

가족

로마의 가장은 노예를 대하는 것만큼이나 많은 권한을 가족에게 휘두를 수 있다. 이는 정말 말 그대로다. 아버지가 아들을 세 번 노예로 팔아넘길 수 있다는 옛 법이 아직까지 존재하기 때문이다. 가장의 권한은 실로 막강해 자식을 때리고 굶기고 추방하거나 극단적인 경우 살해할지라도 법적으로 그를 막을 수 없다.

다행히 사회 질서가 법 제도보다 훨씬 더 큰 힘을 지닌 수많은 국가의 경우처럼 로마의 가장은 최소한 주위 사람들이 용납할 만한 행동을 취해야 한다. 그렇지 않을 경우에는 평생 친구 없이 지내야 할 것이다(이는 사실 생각보다 훨씬 심각한 문제다. 로마인들은 사회생활뿐만 아니라 사업을 할 때에도 친구들과 함께하고 문제가 생길 때마다 그들로부터 도움을 받으며 도시 전체가 굴러가게 만드는 상호 호의의 교류도 친구들 사이에서 이루어지기 때문이다).

따라서 로마의 가장은 가정 내에 문제가 발생할 경우 다른 중요한 결정과 마찬가지로 일종의 사회적 반사 작용으로 우선 자신이 가장 신뢰하는 친구들을 소집해 그들과 문제를 상의한다. 친구들의 의견을 무

아이들을 올바로 키우는 일은 상당히 중요하다. 엄격한 훈육을 하더라도 말이다.
⋯→ 세네카, 《분노에 관하여》 2.1

로마법은 아버지에게 아들에 대한 절대적인 권력을 부여한다.
⋯→ 필론, 《가이우스에게 파견된 사절》 4.22

루푸스, 당신은 토끼고기 요리가 형편없다고 채찍을 가져오라고 소리쳤다지? 저녁식사가 아니라 요리사에게 채찍을 휘두르지 그러는가?
⋯→ 마르티알리스, 《경구》 3-94

사회생활

조건 따라야 하는 것은 아니지만 가장은 최소한 다른 이들이 생각하는 옳은 일에 대한 기준을 확실히 알게 된다. 이러한 모임에 초대받는 것은 상당한 영광이지만 외부인은 보통 '전문가 증인'으로서의 역할만 행사하게 된다. 예를 들어, 가장이 외부인이 전문으로 하는 분야에서 사업을 하거나 그의 자유민이 외부인이 속한 나라에서 온 여성과 결혼하기를 요청할 수 있다. 이 경우 증인은 사실에 입각해 진술해야 하며 직접 질문을 받는 경우가 아니고는 의견을 제시해서는 안 된다.

가족을 구분 짓는 중요한 기준 중 하나는 아그나티^{agnati}(부계혈족)인지 수이 이우리스$^{sui\ iuris}$(법적으로 독립적인) 사람인지 여부다. 로마법은 상당히 독특해 60살 된 아들조차 전적으로 80살 된 아버지에게 속박되어 있다. 이론상으로 자산을 소유할 수 없으며 모든 부분에서 아버지에게 절대적으로 복종해야 한다. 이로 인한 가정 내 불화는 로마의 끔찍한 존속살인을 보면 알 수 있다. 존속살인은 말 그대로 최악의 범죄다(당국은 황제를 향한 반역이 최악이라고 주장하겠지만!).

> 이탈리아의 검투사, 도둑, 암살범, 존속살인자, 유언장 위조범, 사기꾼, 방탕자, 낭비자, 밀통자, 버려진 여인, 젊은이를 타락시키는 자, 바람둥이, 악당이 카틸리나와 친밀한 관계라는 사실을 부인할 사람이 어디 있겠는가?
> – 키케로,《카틸리나 탄핵 연설 2》4

'이 존속살인자'는 원로원들조차 서로에게 퍼붓는 흔한 욕이다.

이러한 비난이 사실일 경우 살인을 저지른 자는 개, 수탉, 독사, 원숭이(이 운 나쁜 동물들은 야만성, 배은망덕 등 범죄를 저지르게 만드는 악을 상징한다고 여겨진다)와 함께 가죽으로 만든 자루에 갇힌 채 심하게 폭행당한 뒤 그 상태로 테베레 강에 던져진다. 참고로 존속살인에는 조부 살해나 모친 살해도 포함이 되며 아버지를 살해하는 것은 부친 살해라고 칭한다.

로마의 가정은 비교적 조화로운 편이라는 사실을 기억하기 바란다. 이는 가장이 그러한 가정을 유지해야 한다는 심한 사회적 부담을 느끼기 때문이기도 하며 그렇게 할 수 있는 가장의 막대한 권력 덕분이기도 하다. 게다가 남편이 아내와 조화로운 관계를 유지하는 이유는 다름이 아니라 이혼이 결혼과 마찬가지로 사회적, 종교적 승인 없이 철회할 수 있는 시민 연합이기 때문이다(하지만 이때에도 딸은 아버지의 허락을 받아야 한다. 그래서 로마 희극에서는 화가 난 아내가 처음으로 가정 내 파탄의 징후를 감지할 때 아버지에게 연락을 취한다).

키케로는 친구 아티쿠스(아티쿠스의 여동생과 그의 남동생은 부부 사이였다)에게 점심식사 때 부부 사이에 이루어진 말다툼에 대해 다음과 같은 편지를 쓰기도 했다.

퀸투스(키케로의 동생)가 부드럽게 말했소. '폼포니아, 당신이 여성들을 초대하면 어떻소? 내가 남자들을 준비시키겠소.' 내가 보기에 그의 말투나 표현은 이보다 더 예의바르고 합리적일 수 없었소. 하지만 그녀는 모두가 보는 앞에서 불쑥 말했지. '저요? 저는

사회생활

이곳에서 이방인일 뿐이에요.' 난 그녀가 그렇게 말한 이유가 오찬을 준비하도록 부탁받지 않았기 때문이라고 생각하오. …그녀를 제외하고 우리 모두는 점심 식사를 하러 갔소. 퀸투스는 그녀에게 음식을 조금 보냈지만 자네 여동생은 이를 돌려보냈지. 나는 내 동생이 이보다 더 인내심 있고 합리적으로 행동할 수는 없었다고 생각하오. 아니면 당신의 여동생이 싸가지가 없거나. 내가 여기서 말하지 않은 다른 문제들도 있소. 내 동생이 그것들을 간과하는 것 같아 난 그것들 때문에 속이 탈 지경이오.

　　- 키케로, 《아티쿠스에게 보내는 편지》 5.1.3-4

　별로 놀랄 것도 없이 이 불행한 부부는 결국 이혼을 선택했다. 하지만 이 부부 역시 로마를 방문하는 사람이 거리에서 쉽게 마주칠 수 있는 그런 결혼식을 올린 적이 있다. 신부는 정교하게 장식된 거들과 샤프란 베일을 걸치고 하객들은 탈라시오^{talasio}라는 전통적인 축하 인사를 외치는 그런 결혼식 말이다. 결혼식에서는 보통 독창적이고 상당히 추잡한 농담이 오가기 때문에 신부의 베일은 그녀의 붉어진 얼굴을 가리기 위한 것일 것이다(아니면 기쁜 표정을 감추거나!).

　인근 주민들은 결혼식에 참석해 다음과 같은 노래를 부를 것이다.

거기 당신, 노예 소년
한 때는 침대에서 주인의 총애를 받았지.
이제 그의 사랑을 잃었지만

다른 친구들에게 견과류를 돌리길.

(결혼식에서는 견과류를 색종이 조각처럼 뿌린다.)

그러고 나서 열렬한 코러스가 이어진다.

오! 휘멘 휘메내오!
휘멘 휘메내오!

로마 속으로 한발 더

　로마 소녀들, 특히 귀족들은 어린 나이에 결혼한다. 때로는 10대 초반에 결혼하기도 한다.
　훌륭한 지참금은 아버지의 연간 수입에 맞먹는다.
　입양된 아이는 로마 가정의 다른 아이들과 동일한 권리를 갖는다.
　새로 태어난 아이는 아비의 발아래 놓인다. 아비가 아기를 들어 안으면 아이는 목숨을 건지지만 아비가 무시할 경우 아이는 길거리에 버려져 죽게 된다.
　아이들은 태어난 지 9일이 지나야 이름을 갖는다.
　형제자매는 어린 시절 집에서 함께 교육을 받는다. 남자아이들이 여자아이들보다 나은 교육을 받지만 일부 여성은 고등 교육을 받기도 한다.

쇼핑장소, 환전, ─────── 쇼핑품목, 안찰관

이 세상의 수도인 로마에서조차 쇼핑은 주먹구구식으로 이루어진다. 로마에서는 다양한 식품을 판매하며 이것들을 구입할 수 있는 곳도 다양하다. 게다가 비쿠스 웅궨타리우스(웅궨타리우스 거리 — 옮긴이)의 향수 판매상처럼 특정한 수요를 충족시키는 전문 상점도 있다. 하지만 기타 수많은 상품은 전문 장인의 손에서 탄생한다. 이들은 때로는 재료를 확보하지 못할 수도 있으며 자신만의 독특한 일정을 따르기도 한다. 예컨대 와인의 경우 주막 겸 여인숙인 카우포나에서 한 컵 가득 사거나 큰 상점에서 한 무더기씩 사는 등 대량으로 구입할 수 있지만 특정한 연도나 지역에서 생산된 와인을 원할 경우 화물선이 도착할 때까지 기다려야 한다. 대부분의 로마인은 자주 거래하는 무역상이 있기 때문에 이방인은 불리할 수밖에 없다.

> 나는 녹색채소와 밀가루의 가격을 묻는다. …해가 지면 대파, 병아리콩, 플랫브래드로 저녁식사를 하러 집으로 향한다.
> – 호라티우스, 《풍자》 1.6

쇼핑장소

당신이 생산하는 제품의 소매가는 도매가에 비해 50퍼센트 높아야 한다. 따라서 테베레 강 너머에서만 허락된 상품(깨끗하게 무두질한 악취 나는 가죽)에 그렇게 혐오감을 느끼지 마라. 혹은 향수와 짐승의 가죽이 크게 다를 거라 생각하지 마라. 무슨 상품을 취급하든 이익은 달콤한 냄새가 나기 마련이다.

– 유베날리스, 《풍자시집》 14.200-5

인간이 사는 데 필요한 온갖 물건들을 한 장소에 모으고 건물을 세운 뒤 이곳을 '마첼룸'이라 부른다.

⋯➜ 바로, 《라틴어론》 5-147

로마인들에게 쇼핑에 대해 물어보면 그녀는(로마에서 쇼핑은 보통 여성이 한다) 머릿속으로 9까지 빠르게 셈해볼 것이다. 가장 신선하고 다양한 음식은 9일장인 눈디나이 nundinae에서 구입할 수 있기 때문이다.

저는 여관을 돌아다니며 식당에서 살찐 벼룩을 주워 담는 플로루스가 되고 싶지 않습니다.

⋯➜ 하드리아누스 황제가 옛 스승에게

이탈리아의 많은 지역에서는 눈디나이가 열릴 때에만 쇼핑을 할 수 있다. 대도시 로마에는 매일 열리는 시장이 있지만 시장 판매용 농원 운영자와 치즈장수, 양치기는 판매할 물건을 생산해야 하므로 24킬로미터나 떨어져 있는 로마까지 매일 갈 수가 없다. 하지만 별도의 냉장장치가 없는 로마의 주부들은 어쨌든 제품을 최대한 신선하게 유지하고 싶어 하기 때문에 결국 판매자와 구매자가 9일마다 만나는 방법이 편리할 수밖에 없다.

로마 인근에서 생산되는 제품은 수요가 높을 뿐만 아니라 순식간에 팔리기도 한다. 시장 판매용 농원은 수익이 상당하기 때문에 로마 인근에 사는 사람들은 주로 이 사업에 종사한다. 로마에서 멀리 떨어진 곳에 사는 농부들은 보통 잘 상하지 않는 제품을 생산한다. 염장 고기, 소시지, 보존 처리된 과일, 꿀, 치즈, 가죽이나 목재, 양모로 만든 물건이다.

그 결과 눈디나이는 계속해서 번성할 수밖에 없다. 동이 트기 전에 도착한 농부들은 시장 거리로 지정된 도로에 좌판을 연다. 좌판이 문을 닫으면 이 거리는 다시 통행로가 된다(이 관습은 그 후 2천년 동안 계속되었고 21세기 이탈리아의 마을과 도시에서 정기적인 행사가 되었다). 쇼핑객들은 눈디나이에서 언제 물건을 살지 결정하려면 계산을 잘 해야 한다. 인기 있는 제품은 빨리 팔리지만 마지막(장은 해질녘 문을 닫는다)까지 기다릴 경우 팔리지 않은 제품을 다시 집으로 가져가지 않으려고 아주 싼 값에 물건을 파는 농부를 찾을 수 있기 때문이다.

장이 설 때까지 8일을 기다릴 수 없는 사람을 위해 황제는 눈디나이를 보완하는 차원에서 마첼룸^{macellum}이라는 상설 시장을 만들었다. 비바람이 들이치지 않는 마당에 편리하게 위치하고 있는 이 시장은 아주 매력적인 장소다.

마첼룸의 경우 노점상에 비해 좌판을 여는 비용이 비싸다. 그 결과 제품은 더 비싸고 품질 또한 더욱 좋다. 주요 품목은 역시 음식이다. 로마인들은 평균적으로 수입의 50퍼센트를 식료품 구입비로 지출하며 식품의 질과 가격 둘 다에 큰 관심이 있다. 따라서 수준 이하의 음식은 비난의 대상이 된다. 극작가 플라우투스는 이와 관련해 다음과 같이 불만을 표하기도 했다.

…달가닥거리는 말을 끌고 마을로 들어와 유통기한이 한참 지난
바람에 통로 전체에 악취를 풍기는 물고기를 파는 생선장수 …엄

마 암양에게서 새끼를 빼앗을 뿐만 아니라 주문하는 즉시 잡은 양
인 냥 고객을 속여서 양고기를 팔아넘기는 정육점 주인. 그리고 그
양고기! 그건 보통 질기고 늙은 숫양이다.

　- 플라우투스, 《포로》 813-819

　　플라우투스의 이 같은 불만에도 불구하고 제품을 팔고 음식물
쓰레기를 버리는 장소가 지정되어 있는 마첼룸은 노점상보다는 위생
적인 환경에서 고기를 판매한다. 따라서 많은 이들이 눈디나이에서
채소와 소시지, 치즈를 산 뒤 마첼룸에 들려 토끼와 개똥지바귀, 심지
어 야생돼지 살코기를 구입한다(많은 사냥꾼이 시장에서 사냥감을
판매한다. 다만 야생돼지는 농장에서 기르기도 한다). 유베날리스가
20세기 후에 이 땅에 살고 있는 이들에게 놀랄 만큼 친숙하게 설명했
듯 물고기는 드물다.

우리는 해안가 주위의 물고기를 전부 잡았지만 우리의 욕심은 끝
이 없다. 시장의 좌판을 채우기 위해 우리는 그물로 연안 내수를
달달 턴다. …물고기가 단 한 마리도 제대로 자랄 수가 없다.

　- 유베날리스, 《풍자시집》 5.83-6

　　가장 큰 마첼룸은 첼리오 언덕에 위치한 마첼룸 마그눔(네로 황
제가 서기 59년에 헌정했다)과 에스퀼리노 언덕에 위치한 마첼룸 리비
에이다. 하지만 로마 최고의 쇼핑가는 퀴리날레 언덕에 위치한 트라야

음식을 판매하는 좌판. 인구가 100만 명이나 되는 로마는 신선한 음식이 많이 필요하다. 빵이 부족할 경우 폭동이 일어날 수 있다. 클라우디우스 황제조차 공급량이 부족하자 곰팡이가 핀 빵 껍질을 먹어야 했다.

누스 포룸일 것이다. 트라야누스가 다키아(훗날 루마니아)를 정복한 것을 기념하기 위해 서기 113년에 지은 이 우뚝 솟은 기둥은 다른 날 관광하기로 하고 지금은 그리스와 로마 도서관을 방문해 보자. 기둥 옆에 위치한 이 도서관에는 제국의 행정이라는 근엄한 세상을 일상의 혼잡한 상업 세상과 분리시키는 아치형 입구가 있다. 두 세상을 나누는 이 벽은 상당히 튼튼하고 두텁다. 산업과 행정을 구분 짓는 것은 이론에 그치지 않기 때문이다. 한쪽에는 신속하게 구워낸 음식과 인화성 제품이 산더미처럼 쌓여 있는 시장이 위치하며 다른 쪽에는 귀중한 두루마리와 고문서가 보관된 도서관과 법원이 위치한다. 벽은 시장을 강타한 재앙이 그 너머로 넘어가지 못하도록 막아주는 역할을 한다.

시장 자체는 경이로운 현대 건축물의 전시장이다. 로마인들의 콘크리트 활용 솜씨는 타의 추종을 불허하지만 여기에서는 콘크리트를 벽돌 뒤에 숨겼다. 트라야누스가 고용한 건축가 아폴로도로스는 자갈이 섞인 콘크리트로 각 벽의 코어를 만들었으며 벽돌을 절반으로 잘라 외장재 비용을 아꼈다. 그 결과 마치 거인의 계단처럼 퀴리날리스 언덕 위로 38미터까지 솟아 있는 다섯 개의 거대한 담색 테라스가 생겨났다.

각 테라스에는 40개가 넘는 상점이 자리 잡고 있으며 테라스 정면에는 아케이드(양쪽에 상점들이 늘어서 있는 아치로 둘러싸인 통로―옮긴이)가 있다. 이 아케이드는 비교적 좁아 좋은 물건을 차지하기 위해 날이 잔뜩 선 채 서로 밀치고 고함을 지르는 사람들로 북적댈 경우 지나가기가 쉽지 않다. 상점 자체는 폭이 3.6미터로 비교적 널찍하며 정면 전체가 열려 있다.

일부는 식당이나 술집으로 운영되고 5층 테라스에 위치한 사무실에서 시민들에게 배급하는 곡물을 갈거나 정제해주는 곳도 있으며 로마 제국 곳곳이나 국경 너머에서 온 제품을 판매하는 곳도 있다.

환전

신용장을 가져와 현지에서 현금으로 바꾸는 방법을 택하는 대신 로마에 직접 돈을 갖고 온 사람이라면 우선 환전상부터 찾아갈 것이다(일부 마첼룸에서는 안뜰 중앙에서 환전상을 찾아볼 수 있다).

(앞면) 베스파시아누스 황제 때부터, c. 서기 71년
(뒷면) 공정거래의 여신, 에케티아('카이사르의 정의'라고 새겨져 있다.)

화폐는 로마 조폐국에서 발행해야만 법정 통화로 인정받는다. 게다가 이 주화들조차 로마 전체에서 인정되는 것은 아니다.

환전상의 좌판은 업무를 보는 커다란 벤치로 이루어지는데, 이 벤치(반카)는 훗날 이 직업 전체를 가리키는 이름이 된다. 환전상은 주화가 '겉칠sauced(구리의 표면을 얇은 은으로 도금한 것)'한 것인지 아닌지 확인하며 무게를 꼼꼼히 잰다. 오래된 주화는 사용하다 보면 무게가 줄어들 수 있지만 비양심적인 사람은 '테두리 깎기'라는 관행을 저지르기도 한다. 이는 주화의 측면에서 소량의 금속을 깎아내 작은 주괴로 팔 수 있을 만큼 값진 금속을 얻는 행위다.

동전의 기본 비교

아스As ⋯ 작은 동화, 인심 좋은 상인에게서 포도 6송이를 살 수 있는 정도
듀폰디우스dupondius ⋯ 황동화, 2아스에 해당
세스테르티우스sestertius ⋯ 표준 가격 단위인 황동화, 보통 HS라 하며 4아스에 해당
데나리우스denarius ⋯ 표준 통화 단위인 은화, 4HS에 해당

쇼핑품목

안타깝게도 자랑스러운 로마 주화는 수세기에 걸쳐 점차 가치가 하락하고 있으며 오래된 주화는 프리미엄이 붙어 거래된다. 각 주화에 대한 기본적인 비교가 138쪽 표에 나와 있다.

이 주화의 가치를 간단하게 설명하자면, 로마 병사들은 연봉이 450데나리^{denarii}이며 다양한 선물과 보조금, 수당은 별도로 받는다. 괜찮은 지역의 타운하우스는 50만데나리에 거래되며 평범한 와인은 1세스테르티우스^{sestertius} 정도 한다. 모두가 예의주시하는 것은 곡물 가격이다. 로마 서민들은 곡물에 의존하기 때문에(로마인들은 평균적으로 하루에 약 1킬로그램의 밀빵을 소비한다) 곡물 가격이 상승할 경우 불만이 불거져 폭동이 발생할 수 있다. 풍작일 경우 보통 1모디우스^{modius}의 곡물에 5데나리를 지불하면 된다. 1모디우스는 2갤런 정도로 20개의 빵을 만들 수 있는 양이다. 로마의 빵은 개당 0.5킬로그램 정도이기 때문에 이는 정확히 열흘 치 분량이다.

옷의 경우 튼튼한 부츠를 구입하려면 15데나리를, 최신 유행하는 여성용 슬리퍼를 구입하려면 20데나리를 지불해야 한다. 천과 옷

그녀는 내 선물을 돋보이게 만들 요령으로 코스의 여인들이 금장으로 짠 세련된 실크를 입고 도시를 활보할 것이다. 아프리카 진홍색과 티레(레바논 남부, 고대 페니키아의 항구 도시─옮긴이)산 보라색 염료가 그녀의 취향을 완성시키리.
⟶ 티불루스, 《전집》, 2.3.51-53;57-8

아르길레움으로 간다고 했소? …그곳에서 나를 찾길 바라오. 아트렉투스(가게 주인의 이름)가 첫 번째 칸(음, 두 번째일지도 모르오)에서 나를 꺼내 건네줄 것이오. 경석으로 다듬고 보라색으로 마무리한 마르티알리스 한 명에 당신은 5데나리를 지불하면 되오.
⟶ 마르티알리스, 《경구》 1.117

은 비싼 편이다. 모든 직물을 손으로 직접 짜기 때문이다. 사실 귀족 여성들조차 비용을 절감하기 위해 양털을 구입해 직접 실을 잣고 직물을 짠다. 비용이 문제가 되지 않는다면 사치를 부리고 싶은 이들은 보라색으로 염색한 최고급 실크 0.45킬로그램을 10만데나리에 살 수 있다. 노예 6명이나 애완용 사자의 가격이 그 정도이다.

실크가 어디에서 오는지 아는 로마인은 없다. 이 신비한 직물은 로마 제국의 국경 너머, 동양에서 수입한다. 호기심 많은 시리아 상인 마에스 티티아노스는 실크 로드를 따라 나바타에와 아라비아를 거쳐 파르티아까지 갔지만 중앙아시아(현재 우즈베키스탄으로 추정됨)의 '석탑'에서 포기하고 말았다고 한다. 로마인들은 중국의 존재를 알고 있다. 중국 측 기록에 따르면 황제(안토니누스 피우스나 마르쿠스 아우렐리우스로 추정됨)가 보낸 상인들이 중국을 방문했다고 하지만 두 제국 간의 거래는 중개인을 통해 이루어진다.

향신료와 상아는 보통 인도에서 정기적으로 수입하며 전설적인 섬, 타프로바네(스리랑카)에서도 수입한다. 하드리아누스 황제 이후로 두 나라 간에 정기적으로 거래가 이루어지고 있다. 목화, 진주, 상아, 계피, 후추, 유향은 모두 돈을 주고 구입할 수 있지만 최고의 제품을 원할 경우 트라야누스 시장에서 벗어나 포로 로마노로 향하는 사크라 가도에 자리 잡은 가게로 향해야 한다. 이 거리에서는 가급적 천천히 걷기 바란다. 이곳은 세상에서 가장 비싼 소매 거리이기 때문이다. 보다 일상적이고 저렴한 제품을 원할 경우 비쿠스 산달리아리우스(산달리아리우스 거리—옮긴이)를 비롯해 에스퀼리노 언덕 쪽으로 사크라 가도와 평행하게 난 거리들로 가면 된다. 아르길레툼^Argiletum^은 특히 책으로 유명하다.

로마 상업 생활의 특징은 경매라 할 수 있다. 처리할 물건이 있는 사람은 누구나 지정된 상업 지역에서 자신의 상품을 홍보할 수 있다. 하지만 대부분은 전문 경매인에게 일을 맡긴다(칼리굴라 황제는 이러한 방식으로 자금을 모은 적이 있다. 그는 공포에 휩싸인 관중들을 상대로 훌륭한 가격에 제품을 팔았다). 판매되는 가사 용품 중에는 노예도 있다. 대부분의 노예는 평생 몇 번 밖에 거래되지 않기 때문에 이는 양측 모두에게 골치 아픈 일이자 수치스러운 일이다.

> 에로스는 형석으로 만든 컵, 남자 노예, 고급스러운 시트론 목재를 보면서 거의 울고 있다. …그는 이것들을 전부 집으로 가져가고 싶어 하며 다른 이들 역시 마찬가지다. 잘 울지 않는 이들은 그의 눈물을 비웃지만 속으로는 그와 같은 마음이다.
> – 마르티알리스,《경구》10.80

경매인은 노예의 능력과 경험을 설명하면서 경매를 시작한다. 가능할 경우 이전 주인이 쓴 찬사가 가득 담긴 추천서를 제공하거나 그 자리에서 만들어내기도 한다. 유능한 노예는 최고가에 거래되며 (백만장자 마르쿠스 크라수스는 이 목적에 노예를 직접 훈련시키곤 했다) 포로 상태에서 노예가 된 이들은 높은 가격에 거래된다. 노예를 성적인 용도로 사용하는 일도 흔하기 때문에 노예의 신체적인 미

역시 가격에 지대한 영향을 미친다. 가장 저렴한 노예는 포로로 잡힌 이방인으로 밭일을 시키기에 최적화된 노예다. 셈프로니우스 그라쿠스는 사르디니아에서 너무 많은 노예를 포획해 '판매용 사르디니안'은 이탈리어로 '저렴하다'는 의미를 지닌다.

> 마을에서 흔히 볼 수 있는
> 그런 미천한 계집아이 한 명을
> 경매인이 판매를 위해 내 놓았다.
> 하지만 응찰이 잘 되지 않아 실패한 것처럼 보이자
> 그녀의 순수함과 달콤함을 입증하기 위해
> 그리고 먹기 좋다는 것을 입증하기 위해
> 노예가 거절하는 척하는 가운데
> 경매인은 그녀를 가까이 끌어당겨 키스를 했다.
> 세 번이나, 그러고는 네 번이나
> 자신의 주장을 입증하기 위해 더 많이.
> 이 키스가 뭐 그리 중요하냐고 물었겠다?
> 높은 액수를 부른 사람이 입찰을 철회했다.
>   – 마르티알리스, 《경구》 6.66

무게, 단위 & 시간

1페스pes(복수형은 페데스pedes) ⋯►
1피트, 12웅키아이unciae(인치), 로마의 피
트는 현재 피트에 비해 1.27센티미터 짧다.

1세미스semis ⋯► 6웅키아이

1듀폰디우스 ⋯► 2피트

1파수스passus ⋯► 5페데스, 말 그대로 한
걸음

1밀레 파수스mile passus ⋯► 1마일, 더 정확
히 말하면 현재의 1,618야드

1유게룸iugerum ⋯► 1.246에이커, 유게룸
은 하루에 쟁기질할 수 있는 토지의 양을
의미한다(웅키아 ⋯► 유게룸의 1/12, 트
리엔스 ⋯► 유게룸의 1/3)

부피의 표준 단위는 25리터나 7미국 갤
런에 해당하는 암포라amphora다.

1리브라libra ⋯► 1파운드, 파운드를 의미
하는 심볼 £ 의 모양이 이곳에서 나왔다.
가로장은 라틴어 L과 헷갈리지 않기 위
해 그려넣은 것이다(천칭과 천칭자리 심
볼의 이름도 리브라에서 유래했다).

웅키아는 파운드의 1/12

로마의 낮 시간은 12시간으로 이루어진
다. 하지만 이 12시간은 일출부터 일몰
때까지로, 한여름에는 낮 시간이 30분 정
도 길어지며 밤 시간이 30분 정도 줄어들
고 겨울에는 반대의 상황이 발생한다. 로
마인들은 태양을 이용하거나 초시계와
물시계로(작은 휴대용 해시계도 이용한
다) 시간을 측정하기 때문에 시간의 변
화에 대한 의견이 일치하기가 쉽지 않다.
세네카는 '철학자 두 명이 의견의 일치를
보는 게 두 시간에 대한 의견의 일치를
보는 것보다 쉽다'고 말했다. 한편 분은
아무도 신경 쓰지 않는다.

안찰관

로마의 시장은 엄격하게 규제된다. 로마 군중의 난폭성이나 과

밀과 화재로 인한 위험을 생각하면 그리 놀랄 일도 아니다. 로마에서 상품을 거래하려면 판매자와 구매자 모두 이우스 코메르치$^{ius\ commercii}$, 즉 시민권이 있거나 특혜를 받는 협력자여야 한다. 안찰관(아이딜리스)을 비롯한 관련자들은 상인들에게 법적인 권한이 있는지 확인하고 그들이 무게와 단위를 교묘하게 줄이지 않는지 살피는 임무를 맡고 있다. 이들은 사람들이 시장에서 물건을 구입하도록 장려한다. 시장 판매는 적정하게 규제되고 세금이 붙기 때문이다. 아풀레이우스는 그리스 모험담에서 이 담당자와 만난 이야기를 전한다.

> 내가 시장을 떠나려는 순간, 아테네에서 알고 지낸 오래된 지인이 우연히 나를 지나쳤다. …나는 그에게 왜 공무원 복장을 하고 있으며 하인들이 왜 그의 뒤따르고 있는 건지 물었다. 그는 '나는 시장 관료요. 저녁 찬거리를 찾고 있다면 도움을 드리리다.'라고 말했다.
>
> 나는 그에게 진심으로 고맙지만 이미 생선을 조금 구매했다고 말했다. 하지만 피티이아스는 생선이 담긴 내 장바구니를 슬쩍 흔든 뒤 나더러 청어 값으로 얼마를 지불했는지 물었다. 나는 생선장수와 흥정을 해서 20HS에 구매했다고 말했다. 내 말에 그는 나를 시장으로 다시 잡아 끌고 가더니 그 상인이 누구인지 가리키라고 했다. 나는 모퉁이에 앉아 있는 늙은 남자를 가리켰고 시장 관료인 피티이아스는 그에게 빠른 속도로 다가갔다.
>
> '당신은 이방인을 이렇게 대우하나, 게다가 내 친구를? 1아스 가치

밖에 안 되는 생선을 이 가격에 팔다니. …이 부정직한 친구야, 내 일이 무엇인지, 그리고 내가 범죄자를 어떻게 벌주는지 알기나 하는가?'

그는 내 바구니를 가져가더니 바닥에 생선을 던지고는 하인에게 생선을 짓밟으라 했다. 그는 비난을 받은 수치만으로도 충분할 거라며 나에게 그만 가자고 했다. 나는 다소 놀라서 (그리고 저녁거리 없이) 그곳을 떠났다.

> – 아풀레이우스,《황금 당나귀》1.24-5

정기시장 외에 장날도 열리는데, 외지인들은 보통 로마 경기나 종교적인 축제가 함께 열리는 시기에 로마를 방문한다. 장은 보통 특정 주제를 바탕으로 열려 가축 거래상이나 노예 거래상 같은 전문 상인이 자주 찾는다. 예를 들어, 한겨울에 로마로 휴가를 가는 사람이라면 농신제에서는 선물을 주고받는 것이 전통이라는 사실을 잊지 말아야 한다. 12월 중순 캄푸스 마르티우스에서 열리는 시길라타 장날에 들려라. 이곳에서는 책, 접시, 작은 조각품을 비롯한 온갖 선물을 판매한다. 마크로비우스는 '농신제 직전에는 며칠에 걸쳐 시장에서 온갖 물건을 판매한다'고 했다.

로마 속으로 한발 더

올리브 오일은 샐러드드레싱, 램프 연료, 요리용 기름, 세제 등 다양한 용도로 사용된다.

가숭어를 살 때는 주의하자. 특수 농장에서 기르기 때문에 터무니없이 비쌀 수 있다.

최고급 양모 제품은 갈리아 키살피나(로마의 속주로 '알프스 산맥 이남의 갈리아'라는 뜻—옮긴이)에서 생산된다. 노예로 취급받고 싶지 않으면 남부 이탈리아에서 가져온 저렴한 갈색 양모로 만든 옷은 피하라.

로마가 타락하는 것을 막기 위해 서기 14년, 티베리우스 황제는 남자가 실크를 입는 것을 금지하려 했다.

로마에서 신선한 채소를 구할 수 있는 최고의 장소는 (카피톨리노 언덕과 강 사이로 북쪽에 위치한) 포르나 카르멘탈리스 인근의 홀리토리움 포룸이다.

근위병, 도시 경비대, ───

소방 경비대, 범죄, 법원,

감옥, 체벌

로마에는 경찰이 없다. 고대 도시라면 지극히 정상적인 것으로 이는 '법 및 질서'와 '범죄 예방'이 명확히 구분되어 있음을 의미한다. 법과 질서를 지키는 것은 정부의 일이며 범죄를 예방하는 것은 지역 사회의 일이다. 이 체제가 잘 굴러가는 이유는 외부인에게는 한 무리의 개미집처럼 보일지라도 로마는 사실 모든 구성원이 타인의 일에 대해 속속들이 알고 있는 아주 긴밀한 지역사회이기 때문이다. 게다가 말 그대로 죄인의 신체를 자르는 엄격한 체벌 제도 때문에 범죄자가 적은 편이다.

근위병

로마의 법과 질서에 대해 논의하려면 우선 근위병부터 살펴봐야 한다. 로마인들은 이 고리타분한 부대가 테베레 강을 향해 일렬로 행군해야만 시민들이 법을 훨씬 잘 준수할 거라는 사실을 잘 알고 있기 때문이다.

근위병의 휘장에는 전갈이 그려져 있다. 근위병을 현재의 형태로 조직한 사람은 전갈자리였던 티베리우스 황제이기 때문이다(로마인들은 별자리에 관심이 많다). 근위병의 일은 황제를 보호하는 것으로 오늘날까지도 황제가 적에 맞서 군대를 이끌 때에는 코호르스 프라에토리아cohors praetoria라는 근위대의 호위를 받는다. 일반 병사들의 말에 따르면, 이 근위병은 높은 임금과 특권을 받을 만한 자격이 전혀 없는 겉멋만 부리는 콧대 높은 부대다.

> 하루에 2데나리를 받고 16년 뒤에 은퇴하는 근위병도 이 같은 위
> 험에 맞서는가? 그들은 로마에서 보초 근무를 서는 게 다지만 우
> 리는 지금 텐트에서도 보이는 야만적인 부족과 대치중이다.
> ― 타키투스에서 보병의 연설문, 《연대기》 1

당시는 근위병이 여전히 정예부대로 명성이 자자하던 때였다. 하지만 서기 41년, 글라우디오를 황제 자리에 앉히려고 결심하면서 근위병은 타락하기 시작했고 원로원은 그들을 막을 수 없었다. 근위병은 로마 인근에서 가장 큰 군부대이기 때문에 황제는 자신의 신변을 보호받기 위해 그들에게 의존할 수밖에 없다. 하지만 로마 속담에 있듯 '퀴스 쿠스토디에트 이프소스 쿠스토데스^{quis custodiet ipsos custodes?}(감시자들은 누가 감시할 것인가?)'라는 문제가 있다. 근위병은 자신들에게 임금을 제공하는 대상을 향해 충성하게 되어 있다. 황제들은 수세기 동안 그들에게 넉넉한 보수를 제공함으로써 그들의 충성을 샀다. 왕위에 오르는 황제가 가장 먼저 하는 일은 그들에게 일시불로 기부금이라는 지불금을 제공하는 것이다.

최근 들이 근위병은 스스로와 로마의 체면에 먹칠을 했는데, 페르티낙스 황제가 그들에게 충분한 기부금을 제공하지 않는다고 생각해 황제를 살해한 뒤 그의 머리를 장대에 꽂은 채 병영으로 돌아온 것이다. 그들은 가장 큰 액수를 부르는 사람에게 황제의 머리를 팔아

버렸다. 원로원 의원 디디우스 율리아누스였다. 이 사건으로 인해 셉티미우스 세베루스 황제는 근위병을 공식적으로 해체한 뒤 직접 경비대를 모집했다. 하지만 이들은 이름만 다를 뿐 실질적으로는 근위병이나 다름없었다. 단, 이들은 로마 밖에 주둔했다.

평범한 사람들은 근위병의 거만하고 잔인한 습성 때문에 그들을 혐오한다.

캄파니아 호수를 항해하거나 그리스 도시들을 유유자적 둘러보는 것에 익숙한 사람들도 고된 행군과 군사 규율을 혐오한다.
···▸ 타키투스에서 갈바 황제와 사이가 틀어진 근위병, 《역사》 1.23

> 병사가 되면 원하는 것을 모두 가질 것이다. 그 중에서도 빠르게 부자가 될 수 있는 여단, 근위병이 된다면…가난한 시민은 그들에게 맞더라도, 얼굴이 보라색으로 부풀어 오르고 하나밖에 남지 않은 눈을 의사가 치료해주기를 바랄 지경에 이르더라도 감히 법원으로 가 정무관에게 부러진 이빨을 보여주지도 못할 것이다.
> – 유베날리스, 《풍자시집》16.1-2; 8-12

이제 근위병의 존재에 대해 대충 감이 잡힐 것이다. 근위병과 우연히 마주칠 경우 역병을 마주친 것처럼 그들을 피하지 말라. 역병에 걸리는 게 아마 더 나은 선택일 것이다.

도시 경비대

이들은 근위병과 같은 야영지에 머물지만 임금은 이들의 절반 수준이며 인기는 두 배나 높다. 정신이 반쯤 나간 코모두스 황제가 최근에 그의 서투른 통치에 반대하는 로마 시민을 향해 기갑부대를 풀자 이들을 상대로 싸운 것이 바로 도시 경비대다.

도시 경비대는 고위 원로원인 도시 장관의 명령을 받는다. 이 장관의 역량은 놀랄 정도로 중구난방인데 최초의 시휘관인 발레리우스 코르비우스가 기원전 13년 자신의 임무에 대해 감조차 잡지 못했다고 인정하며 스스로 자리에서 물러난 이후로 더욱 그러했다.

도시 경비대의 임무는 공공질서를 유지하는 일이다. 경기를 관람한 군중이 흥분을 잠재우지 못할 때나 화재가 발생한 뒤 약탈자가 등장할 때 도시 경비대가 나선다(약탈자가 근위병이 아닐 경우에만 해당된다). 도시 경비대가 개입할 때에는 관여하지 않는 것이 현명하다. 이들은 폭동에 참가한 이들은 전부 폭도이며 폭도들은 의식을 잃거나 사망해야만 치안을 어지럽히지 않는다고 믿기 때문이다.

소방 경비대

소방 경비대(비길리스)가 맡은 임무 중 하나는 야간 도시 경비다. 이들은 로마는 밤이 되면 잠잠해진다는 사실을 알기 때문에 날이 예리한 무기보다는 곤봉을 선호한다. 소방 경비대는 도시 경비대와는 달리 도시 주위의 소규모 막사에 주둔한다. 따라서 파티를 마치고 집으로 돌아가는 길에 난폭해진 술주정뱅이를 빠르게 진압할 수 있으며 밤거리를 배회하는 살인자가 있다는 신고가 접수될 경우 이에 빠르게 대응할 수 있다.

밤에 경범죄를 짓는 이들은 아침에 소방 경비대의 지휘관과 마주하기 전에 유치장으로 끌려갈지도 모른다. 지휘관은 법무관의 권한도 있기 때문이다.

로마인들은 치안을 유지하는 소방 경비대에게 상당히 감사해하지만 사실 이는 그들의 부업일 뿐이다. 그들의 주요 업무는 소방이다. 대중은 이 역할에 훨씬 애매한 태도를 취한다. 로마 건물은 보통

법과 질서

화재에 상당히 취약해 양동이로 계속 물을 퍼부어봤자 작은 불길 정도밖에 진압하지 못하기 때문에 소방 경비대는 사실 불을 끄는 데에는 관심이 없다. 대신 그들은 불이 얼마나 빨리 번질지 빠르게 판단해 건물을 무너뜨림으로써 화재를 진압한다. 그들은 고도로 훈련된 전문가로 지붕을 뜯어내고 벽을 깨부수며 잔해에서 인화성 물질을 끌어내는데, 이 모든 작업을 상당히 빠른 속도로 진행한다.

건물을 해체해야 하는 최적 시점과 관련해 소방 경비대와 건물 주인의 의견이 좀처럼 일치하지 않기 때문에, 건물 주인들은 이 훌륭한 공공 서비스에 별로 감사해 하지 않는 경향이 있다.

로마 속으로 한발 더

소방 경비대는 자유민으로 이루어지며 노예 판매 시 붙는 판매세 4퍼센트를 보수로 받는다.

소방 경비대는 소규모 화재를 진압하기 위해 정교한 펌프를 갖추고 있으며 보다 극단적인 경우에는 집을 부수기 위해 돌을 던지는 포병대를 갖추고 있다.

범죄

로마 정부는 공공질서를 유지하는 데에만 관심이 있기 때문에 범죄를 퇴치하는 일은 일반 시민을 비롯한 대중의 일이다.

누군가 이 가게에서 구리 냄비를 훔쳐갔다. 냄비를 돌려주는 사람에게는 65HS를 줄 것이며 냄비가 어디 있는지 알려주는 사람에게는 20HS를 주겠다.
⋯▸ 《라틴 명문 전집》 4.64

경찰 없이 로마 사회가 제대로 돌아가고 있다는 사실이 놀라워 보이지만 시민들은 자체적으로 마을 방범대를 운영하며 잠재적인 범죄자를 처단하는 나름의 방법을 갖추고 있다. 로마인들은 대중의 감시 속에 살기 때문에 은근슬쩍 범죄를 저지르더라도 처벌을 면할 수가 없다. 부당 이익금을 취할 경우 설명이 요구된다. 도둑질을 당한 사람은 피해 내용을 모두에게 알린 뒤 관련 정보를 제공하는 사람에게 상당한 대가를 제공하기 때문이다. 보통 피해자가 피상적인 심문을 한 뒤 범죄자의 신분을 확정 짓고 나면 후원제가 작동한다.

이 제도가 어떻게 작동하는지 살펴보기 위해 한 여행객이 로마에 프랑스 양모로 만든 질 좋은 망토를 가져왔다고 치자. 술집에 들어간 그는 한낮의 열기 때문에 망토를 한쪽으로 치워 놓았는데 잠시 후 망토가 사라지고 만다. 그는 경찰을 부를 수 없다. 경찰이 없기 때문이다. 술집 주인은 그가 여행객이라는 것을 알아보고는 자기가 알 바가 아니라고 말한다. 방문객은 화가 난 상태로 망토 없이 숙소로 돌아간다.

그를 초대한 집주인은 기분이 상한다. 망토를 도난당해서라기보다는 자신이 초대한 손님을 이런 식으로 대접했다는 사실 때문이

법과 질서

다. 그는 술집 주인의 후원자와 친분이 있는 친구에게 연락을 취한다. 친구는 술집 주인의 후원자에게 안찰관이 개입할 거라고 말할지도 모른다. 안찰관은 제대로 운영되지 않는 술집을 문 닫게 할 수 있는 권한이 있기 때문이다. 협박을 받자 술집 주인의 후원자는 단골손님인 램프메이커 거리 출신의 루키우스가 손버릇이 나쁘며 종업원 푸피나가 루키우스가 새로운 장신구를 자랑하는 것을 들었다고 시인한다.

집주인은 자신의 집사와 짧은 대화를 나누고 집사는 건장한 노예 다섯 명을 불러 상황을 설명한다. 곧바로 집을 나선 이들은 망토를 되찾아 온다. 여행객은 아무런 죄가 없을지도 모르는 루키우스의 하루를 망칠 수도 있다는 생각은 전혀 하지 않은 채 망토를 자세히 살펴본 뒤 자신의 것이 맞다고 주장한다. 루키우스가 우연히 동일한 망토를 합법적인 방법으로 취득한 거라면 분개한 그는 자신의 후원자에게 이 사실을 말할 것이다. 후원자는 문명인답게 문제를 해결할 수 있도록 메신저를 보낸다. 이 모든 노력이 실패로 돌아갈 경우 문제는 법원으로 회부된다.

법원

누군가를 억지로 재판장으로 끌고 가는 광경은 전문가조차 인정하는 공짜 길거리 공연이다. 자체적인 법 집행 절차에 따라 일단 정무관과 예약이 이루어지면 원고는 어떻게 해서든 피고를 법정으로 데리고 가야 한다. 피고는 변론의 근거가 약할수록 법정에 모습을 드러내기를 꺼려할 것이다.

돈이 최고이며 가난한 사람은 절대로 성공할 수 없다면 법이 무슨 소용인가?
⋯▸ 페트로니우스, 《사티리콘》 14

원고는 피고에게 압력을 가하기 위해 전문가를 고용할지도 모른다. 이 전문가는 피고 집 창문 아래나 집 밖 도로에 앉아 기발한 욕설과 저주를 퍼부어 행인들의 눈과 귀를 즐겁게 하는 한편 희생자에게는 치욕을 안겨준다. 피고가 아무런 반응을 보이지 않을 경우 그는 검사를 데리고 올 것이다. 검사는 모든 사람들에게 피고의 악랄한 습성을 떠벌리고 그가 겁쟁이라 판사 앞에서 자신을 변호하지도 못한다고 큰 소리로 외칠 것이다. 마음을 단단히 먹은 원고는 욕설을 퍼붓는 사람을 밤낮으로 고용할 것이며 결국 며칠 동안 잠을 자지 못한 이웃들이 피고에게 불만을 표하며 법원에 출두하라고 압력을 가할 것이다.

로마인에게는 개인적인 명성(디그니타스dignitas)이 아주 중요하기 때문에 이러한 대우를 오래 견딜만한 사람은 드물다. 계속해서 법원에 출두하지 않을 경우 모두 그가 유죄라고 생각할 것이며 범죄자로 취급할 것이다.

로마의 민사소송은 잔인할 정도로 정교하며 2가지 절차로 진행된다. 우선 원고와 피고가 정무관 앞에 출두한다. 보통 프라이토르(법무관―옮긴이)가 이 업무를 담당하지만 소규모 사건이나 상업 관련 소송의 경우 안찰관이 나서기도 한다. 프라이토르는 바쁜 사람으로 사건을 직접 심리하지는 않을 것이다. 대신 그는 사건이 성립하며 양측

　　　　　　　　　　　　　　　　　　법과 질서

이 수이 이우리스^sui iuris (로마법의 적용 대상)임을 인정한다. 방문객은 로마법을 적용받을 수 없다(노예의 자녀나 미치광이 역시 그럴 수 없다). 위 사건에서 집주인이 손버릇이 나쁜 루키우스와 직접 문제를 해결하려고 한 이유 중 하나다.

프라이토르는 해당 지역에서 판사 역할을 맡을 만한 중요한 인물이 있는지 살펴본 뒤 모두가 동의하거나 최소한 소송인들이 거부할 만한 확실한 이유를 댈 수 없는 사람을 판사로 지명한다.

그러고 난 뒤 프라이토르는 해당 사건이 무엇에 관한 것이며 판사가 무엇을 알아내야 하는지가 담긴 진술서를 제공한다. 이 예시의 경우 진술서는 다음과 같다.

'원고(루키우스)가 망토가 자신의 것이라고 입증할 수 있으며 망토를 부당하게 빼앗긴 것이라면 피고(집주인)는 망토를 돌려준 뒤 손해배상금을 지불해야 한다. 원고(루키우스)가 망토를 훔친 것이라고 피고가 입증할 수 있을 경우 원고에게 절도죄가 씌워진다.'

프라이토르는 추후 3일 동안 이루어질 재판 날짜를 잡는다. 연휴나 종교 행사가 있지 않을 경우 재판은 보통 소송의 두 절차 사이에 이루어진다. 루키우스는 실제 재판이 이루어지기 전에 죄를 시인할 확률이 높다. 우선 그에게는 원고로서 자신의 무죄를 입증해야 하는 부담이 있다. 둘째, 집주인은 최악의 경우 오해를 한 것으로 밝혀질 수 있지만 그렇다 할지라도 민사죄는 벌금을 무는 데서 끝난다(그의 노예가 망토를 되찾는 과정에서 루키우스에게 신체적으로 큰 피해를 입혔다 할지라도 그렇다. 로마는 잔인한 도시다). 하지만 루키우스가

릭토르. 정무관의 호위무사로 집정관 앞에 나서 하층민들을 제거함으로써 그를 위해 길을 터준다. 그들은 정무관의 처벌권을 상징하는 파스케스^{fasces}(막대기, 로마 밖에서는 도끼)를 들고 다닌다.

망토를 훔친 것으로 밝혀질 경우 이는 형사죄에 해당하기 때문에 그는 채찍질을 당하고 노예로 팔릴 수 있으며 탄광에 보내지고 벌금도 물 수 있다.

하지만 루키우스의 운명은 두 번째 재판소에서 판가름 날 것이다. 형사소송은 배심 재판까지 가며 민사소송보다 훨씬 중대한 사건이기 때문이다. 두 소송인이 일단 프라이토르 앞에 출두하면 양측이 이 사건을 취하하지 않는 한, 사건은 판사에게까지 간다. 한 측이 확실한 이유(사망했거나 죽어가고 있는 것만이 합당한 이유다) 없이

법과 질서

재판에 나타나지 않을 경우 판사는 재판에 나타난 사람의 편을 들어준다.

　재판과 체벌 둘 다 대중이 보는 앞에서 이루어져야 한다는 게 로마 정의의 기본 수칙이다(하지만 여성의 경우 예의를 갖춰 커튼 뒤에서 처형된다). 그 결과 원형경기장에서 괴기하고 흥미진진한 장관이 연출되는데, 이는 정무관이 배심원 앞에서 사건을 심리하는 모습을 볼 수 있다는 의미이기도 하다. 로마는 폭정으로 유명할지 몰라도 법의 보호를 받을 시민의 권리는 존중되며 공공 법정보다 이를 더 잘 준수하는 곳은 없다. 물론 로마인은 로마인이라 세심한 율법주의에서조차 화려함과 과장을 잊지 않는다. 로마인이라면 누구나 피고의 변호사가 고객의 어깨에서 토가를 찢어내 그에게 수많은 전상이 있다는 것을 보여준 뒤 그를 빙그르르 돌려 등에 난 상처는 없다는 것을 보여주는 순간을 목격했을 것이다. 피고와 그의 가족들은 대중의 동정심을 자아내기 위해 또 다른 연극을 펼치기도 한다. 여성들은 상복을 입고 남성들은 검은색 토가를 걸친 뒤 자신이 처한 곤경을 강조하기 위해 면도를 하지 않는다.

로마 속으로 한발 더

법에 따라 민사 사건은 해가 지기 전에 마무리 되어야 한다.

로마 귀족 클로디우스는 몰염치하게도 배심원에게 뇌물을 주었고 그가 무죄를 선고받았을 때 판사는 배심원에게 전리품을 안전하게 집에 가져가도록 무장한 호위대가 필요한지 비꼬는 말투로 물었다.

로마에는 신성모독죄가 없다. 따라서 신은 문제를 개인적으로 해결해야 한다.

일부 소송에서는 사건을 심리하는 데 연단tribune이 사용되었다. 트리뷰널이라는 단어가 21세기까지 쓰이는 이유다.

이탈리아의 마지막 프라이토르가 집정하는 법원은 서기 1990년대 말 해체되었다.

감옥

범죄 행위가 발각되더라도 로마인들은 처벌 수단으로 감옥을 사용하지 않는다는 사실을 알면 다소 위안이 될지도 모르겠다(하지만 그 대안을 알면 이러한 안도감이 사라질지도 모른다). 로마는 고대라는 기준에서 볼 때 상당히 부유한 도시지만 이 도시조차도 수많은 인구를 사회에서 격리시키는 비생산적인 방법을 동원할 만큼 재원이 충분치는 않다. 따라서 감옥은 보통 범죄를 저지른 이를 석방할지, 그들에게 벌금을 물릴지, 혹은 더 고약한 벌을 내릴지 결정하는 동안 죄인을 가둬두는 장소로 사용된다. 귀족은 그리 오랫동안 수감되지도 않는다. 귀족이 죄를 저지를 경우 동료의 집에 머물게 되는데, 상대는 황제가 결정을 내리기 전까지 예의바르게 그들을 돌본다.

감옥은 포룸이 내려다보이는 도시 한 가운데 자리 잡고 있다.
⋯→ 리비우스,《로마사》1.33

방치되고 축축하고 악취가 나기에 역겹고 끔찍하다.
⋯→ 살루스티우스의 툴리아눔에 관한 묘사,《카탈리나》55

이따금 채권자는 돈을 받아낼 생각에 채무불이행자를 가두기도 하는데, 보통 민간 유치장을 이용한다. 로마 제국은 '시민들에게 자유 아니면 죽음을 주라'는 철학을 고수하는데 이는 로마에 중요한 감옥이 단 하나뿐임을 의미한다. 이 감옥은 포룸이 내려다보이는 도시 중앙에 위치하며 인근에는 마르스 울토르 신전이 자리 잡고 있다. 눅눅하고 우울한 곳이지만 역사적 가치 때문에 방문해볼 만하다. 물론 수감자로서보다는 관광객으로 방문하는 게 훨씬 낫겠다.

감옥은 보통 단순히 카르케르^{carcer}(영어 단어 '수감하다^{incarcerate}'의 어원)라 불리며 두 개의 구역으로 나뉘어져 있다. 상부에 위치한 방은 사각형 모양이다. 방에 새겨진 문구에 따르면 이곳은 서기 21년에 복원되었다고 하지만 여전히 차갑고 우울하며 악취가 풍긴다. 덕분에 그 아래 위치한 방, 즉 툴리아눔^{Tullianum}이라 부르는 방치된 수조(툴리우스^{Tullius}는 샘을 의미하는 고대 언어다. 이는 자신들의 지도자 중 한 명인 성 베드로가 경비대에게 세례를 주기 위해 이 샘물을 창조

했다는 기독교인들의 주장에 상반된다)는 이보다는 훨씬 더 나아 보인다.

툴리아눔은 표면이 거친 응회암으로 만든 창문 없는 원뿔 모양 방으로 이곳으로 들어가는 유일한 입구는 상단에 위치한 방의 바닥에 난 구멍뿐이다. 수감자는 이 구멍을 통해 이곳에 내던져졌으며 굶어죽거나 썩도록 내버려지기도 했다.

변절자였던 누미디아 왕, 유구르타가 기원전 104년 이 감옥에 던져졌을 때 그가 경비원에게 처음으로 한 말은 그곳이 정말 춥다는 거였다.

감옥의 부지에 훗날 교회가 건설되기는 했지만 성 베드로가 정말로 이곳에서 로마인의 환대를 받았는지는 알 수 없다. 하지만 카탈리나의 음모에 연루된 이들은 확실히 이 감옥에 수감된 뒤 키케로의 명령에 따라 교살되었다. 갈리아인라면 로마 시대의 가장 유명한 갈리아인, 베르킨게토릭스가 최후를 맞이한 이곳을 방문하고 싶어 할 것이다. 그는 율리우스 카이사르에게 맞서기 위해 용기 있게 나서 갈리아인을 대부분 집결시켰지만 결국 잡히고 말았고 로마의 승리를 자축하는 전통적인 행사에서 최후의 모습을 드러냈다. 카이사르가 수 백 야드 떨어진 캐피톨에서 화려한 연회를 즐기는 동안 그는 포룸을 가로질러 간 뒤 툴리아눔에 던져져 교살당한 것이다.

체벌

로마에서 체벌은 두 가지 사항에 따라 결정된다. 범죄자가 저지른 죄와 그의 신분이다. 대부분의 죄는 벌금을 물고 끝난다. 로마에는 피해의 종류를 나열하고 각 피해 보상의 가치를 명시한 구체적인 표가 존재한다. 정무관에게는 파스케스를 들고 다니는 릭토르라는 호위무사가 있다. 파스케스는 물리적인 체벌을 내릴 수 있는 정무관의 권력을 상징하는 막대기다(하지만 공화정 말기 이후로 집정관은 시민에게 태형을 내릴 수 없었다). 로마 밖에서 파스케스는 도끼가 되기도 한다. 이는 정무관이 비시민권자인 지방 속주민의 생사도 결정할 수 있다는 것을 보여준다.

사형 선고를 받은 로마인은 카이사르에게 항소할 수 있다. 성 바울은 이 권리를 행사한 것으로 유명하다. 이는 로마인이 누릴 수 있는 수많은 혜택으로 로마에서 추방당해 시민권을 잃는 것이 그토록 끔찍한 수밖에 없는 이유다. 사실 추방은 체벌이 아니라 체벌을 면하는 것이다. 사형수는 원할 경우 언제든 로마에 머무를 수 있으며 신분이 낮은 이들은 강제로 로마에 남아 죽음을 맞이해야 한다. 귀족은 참수

당하고 시민은 보통 교살된다. 노예와 비시민은 태형을 당하거나 불타 죽거나 야생동물에게 던져지며 십자가에 못 박히거나 기타 온갖 창의적인 방법으로 사형된다.

이보다는 가벼운 처벌도 있다. 인파미아^{infamia}라 불리는 이 처벌은 해당 시민이 나쁜 인간이기 때문에 로마에 머물 수는 있으나 투표권이나 빚을 질 권리, 집회에서 발언할 권리는 박탈한다는 것을 명시한 공문서다.

노예는 주인에 의해 멋대로 처벌당할 수 있지만 그들의 권리는 점차 향상되고 있다. 반면 극빈자들의 권리는 하락하고 있다. 한 때는 기소된 도둑이 물건을 훔친 상대의 노예가 되는 것이 관례였지만 오늘날 도둑은 탄광으로 보내질 확률이 높으며 죄질이 나쁠 경우 원형극장으로 보내진다. 이제 로마인들의 삶에서 또 다른 흥미로운 측면을 엿볼 때다. 바로 정의를 구현하기 위한 수단인 오락거리이다.

콜로세움, 키르쿠스 막시무스, 극장, 매춘&사창가

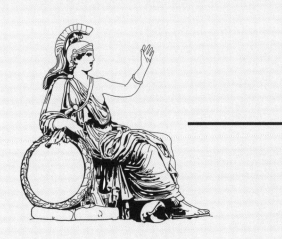

빵과 서커스를 바탕으로 한다고 알려진 문화가 그렇듯, 로마인들은 오락 시간을 상당히 진지하게 생각한다. 길바닥을 긁은 표시 위에서 하는 보드게임에서부터 원형극장에서 이루어지는 값비싼 공연에 이르기까지 다양한 수준의 오락거리가 있다. 하지만 로마인들이 '놀이'라는 이름으로 부르는 다양한 활동은 무방비 상태의 수감자를 학살하거나 14살 소녀에게 매춘을 강요하는 행위를 전혀 즐겁게 생각하지 않는 동시대 및 후세대의 수많은 문명에게 충격으로 다가온다.

콜로세움

로마에 머무는 동안 경기를 관람할지는 개인의 윤리성에 달려 있다. 많은 사람이 검투사 싸움을 잔인하고 야만적이며 부도덕하다고 여길 것이다. 로마에서도 극소수 사람만이 특정 경기를 보러간다. 표를 구하지 못해서 가지 않는 이들도 많지만 굳이 이 잔인한 경기를 보고 싶어 하지 않는 이들도 있다. 철학자이자 네로 황제의 고문이었던 세네카는 (편지 7.3에서) 이렇게 말했다.

이 경기장에 가는 것보다 당신의 성격을 망치는 건 없다.
⋯→ 세네카, 《편지》 7.2

노르바누스는 경기에 참여할 검투사들과 계약을 했다. 모두가 2데나리도 나가지 않을 만큼 너무 나이 들고 노쇠해 후 불면 날아가 버릴 것만 같았다.
⋯→ 페트로니우스, 《사티리콘》 45.11

나는 즐길 거리를 찾던 중 낮 경기에 우연히 들리게 되었다. 인간의 피를 보는 것에서 잠시 멀어져 눈을 정화시키고 싶었다. 하지만 상황은 정반대였다. 내 앞에서 펼쳐진 온갖 싸움은 상대적으로 자비로운 모습이었다. 가벼운 마음은 전부 사라졌고 내 눈 앞에는 학살만이 만연했다.

경기장의 모습이 끔찍하기는 하지만 이 공포에는 그 어떤 인간의 역사에서도 살펴볼 수 없는 위풍당당함이 담겨 있다. 당신은 그저 아직 이 경기에 빠져들지 못했을지도 모른다. 성 아우구스티노는《고백록》(6.8)에서 경기장에 가지 않는 친구 알리피우스에 대해 이렇게 말한다.

그는 그러한 경기를 몹시 싫어하고 혐오했다. 그러던 어느 날, 저녁식사를 마치고 나오는 길에 지인과 학우들을 우연히 마주쳤다. 그들은 발로 차고 소리를 지르는 그를 잔인한 경기가 펼쳐지고 있는 원형극장으로 끌고 갔다. …한 남자가 온몸 가득 상처를 입은 채 쓰러지고 있었는데 그 모습을 본 그의 영혼은 잔인함에 더욱 도취되었다. …그는 피를 보자마자 야만성에 취했다. 그는 돌아갈 수 없었기에 계속해서 남자를 응시했다. …그는 멍하니 그 잔인한 싸움을 즐겼고 유혈이 낭자한 이 오락기리에 중독되고 말았다.

오늘날 로마의 신들은 인간의 희생을 용납하지 않는다. 따라서 검투사 경기는 종교적인 행사는 아니다. 사실 일 년 중 방문객이 검투사 경기를 확실히 관람할 수 있는 것은 12번도 되지 않는다. 그 중 하나는 사투르날리아라는 한겨울 축제 때 열리는데, 사투르누스는 지하세계의 신이며 검투사 경기는 무네라^{munera}, 즉 망자의 영혼에 바치는 제물이기 때문이다.

포고 사항을 외치는 관리가 경기의 시작을 알리면 곧바로 몇 명의 사람이 광고판을 세우고 학식이 가장 높은 사람이 곧 시작될 경기를 설명한다. 한 작가의 말마따나 '경기가 시작되기 전에는 집에서나 술집에서 다른 얘기를 하는 이가 거의 없다.' 경기에 돈을 거는 것은 공식적으로는 저지되지만 상당히 치열한 편이다. 검투사는 보통 노예나 범죄자(때로는 부업으로 경호원이나 빚 수금원, 폭력배로 일하기도 한다)로 경멸의 대상이지만 최고의 검투사는 그 날의 슈퍼스타가 되는 영광을 차지하기도 한다.

전통에 따라 남편이 창으로 부인의 가르마를 타는 점잖은 결혼식에서조차 창에 죽은 검투사의 피가 묻어 있을 경우 이 의식은 상당히 강력한 효과를 자아낸다고 여겨진다. 유베날리스는 도망간 부잣집 출신 아내에 대해 이렇게 말한다.

에피아를 사로잡은 젊은 매력이 무엇이었던가? 그녀는 스스로를 '검투사의 밥'이라 불리도록 내버려둘 정도로 그에게서 도대체 무엇을 보았단 말인가? …그는 다친 팔 때문에 해방을 약속받았으며 그의 얼굴은 온갖 기형으로 얼룩져 있었다. 철모 때문에 난 상처, 코에 난 커다란 종기, 눈에서 연신 흘러내리는 끔찍한 진물. 하지만 그는 검투사였다! 덕분에 그는 가장 아름다운 젊은이가 된 것이다!

      - 유베날리스, 《풍자시집》 6.103-110

경기 전날 열리는 '공개 식사' 자리에서 어떤 여성들은 부끄러운 줄 모르고 전시된 검투사에게 알랑거리기도 하며 굳은 표정의 도박꾼들은 놀잇감을 꼼꼼히 살핀다. 하지만 이들 모두 검투사에게 지나치게 가까이 다가갈 수는 없다. 검투사는 라니스타^{lanista}(말 그대로 '조련사')의 철저한 감시 하에 놓여 있기 때문이다. 이들은 경기를 위해 자신의 검투사를 몇 달 혹은 심지어 몇 년 동안 훈련시킨다. 로마에는 검투사 훈련학교가 4개 있는데, 그 중 가장 큰 루두스 마그누스는 원형경기장과 상당히 가까운 곳에 위치하고 있어 지하 터널로 경기장과 연결되어 있을 정도다.

콜로세움(원래 명칭은 플라비우스 원형경기장)은 지구상에서 가장 화려한 경기장이다. 이 경기장은 첼리오 언덕과 에스퀼리노 언덕, 팔라티노 언덕 사이, 포로 로마노에서 이어지는 사크라 가도 바로 아래 위치한다(포로 로마노와 콜로세움 사이에는 티투스 개선문이 위치한다). 39.6미터에 달하는 태양의 신 헬리오스의 거대한 금박 동상이 경기장 옆에 서 있으며 이 때문에 건물 자체뿐만 아니라 전체 지역에 '콜로세움'이라는 이름이 붙었다.

높이 50미터, 가로 200미터의 이 경기장은 6에이커(24,281제곱미터 ─옮긴이)의 땅을 차지하고 있다. 독특한 석회암 아치로 된 각 층은 각기 다른 건축양식으로 지어졌는데, 1층은 도리아 양식, 2층은 이오니아 양식, 3층은 코린트 양식이다. 4층은 콘크리트로 짓고 벽돌로 입면을 마감했으며 마지막 층은 나무로 지은 뒤 현수막을 단 소나무 기둥으로 마무리했다.

수만 명의 관중이 경기장으로 몰려들 때에는 처음부터 제대로 된 각도에서 들어가는 게 중요하다. 입장권에는 각 자리에 맞는 입구가 표시되어 있다. 입구는 총 80개인데 각 아치형 입구 상단에는 그에 맞는 숫자가 쓰여 있다(76개는 일반 관중용, 2개는 황실 가족과 그들의 수행원용, 2개는 검투사용이다). 내부 복도는 상당히 넓으며 램프와 터널이 아주 효과적으로 설계되어 있어 경기장은 20분 내에 채워진다. 경기가 끝난 뒤에도 관중들은 아주 빠른 속도로 빠져나올 수 있어 이 복도는 보미토리아^{vomitoria}라 불린다(경기장이 관중을 토해내는^{vomit} 모습을 떠올리기 바란다 ─ 옮긴이).

관중들은 아무 곳에나 앉을 수 없다. 경기가 가장 잘 보이는 곳은 연단인데, 대리석으로 만들어진 이 테라스에는 원로원 의원, 로마를 방문한 사신, 추기경회의 사제를 비롯한 기타 유명 인사가 앉는다. 연단의 남쪽에는 황제가 앉으며, 그 옆에는 베스타 처녀들이 앉고 그 뒤의 20개의 좌석은 기사 계급을 위해 배정되어 있다. 나머지 좌석은 세 부분으로 나뉜다. 임뭄^{immum}에는 부유한 시민과 그들이 초대한 손님이, 숨뭄^{summum}에는 가난한 시민이, 나무로 만든 최상층(입석만 존재한다)에는 여성이 자리한다. 5만 명에서 8만 명에 달하는 관중이 경기장을 가득 채우지만 어느 각도에서 보더라도 경기장은 놀라울

　　　　　　　　　　　　　　　　　오락시설

정도로 폐쇄적이고 사적인 공간으로 관중들이 경기를 최대한 가까이에서 느낄 수 있도록 타원형으로 설계되었다. 경기장 바닥은 이 세상에서 가장 많은 피로 얼룩진 곳이다. 4,500제곱미터에 달하는 이 경기장 곳곳에서 최소한 100명의 사람과 그 2배에 달하는 동물이 목숨을 잃었다.

모든 경기가 동일한 양상으로 진행되는 것은 아니지만 참가자들이 행진하는 것에서부터 경기가 시작될 것이다. 이들이 관중을 향해 무기를 던지거든 하나를 잡아라. 이는 로마인들의 복권에 해당된다. 훌륭한 식사에서부터 저택, 코끼리, 깨진 냄비에 이르기까지 상품은 다양하다. 여성 검투사는 기대하지 마라. 이는 최근에 금지되었기 때문이다. 물론 여성 무용수나 곡예사는 유혈이 낭자한 경기 중간에 모습을 드러내곤 한다.

원형경기장은 로마 황제를 가까이에서 볼 수 있는 얼마 안 되는 기회다. 이곳에서 황제는 시민들과 교류하는데, 이 교류를 통해 로마의 형국이 밝혀진다. 인기는 황제가 안전을 보장하는 최고의 수단이므로 모든 황제는 더욱 이국적이고 엄청난 짐승을 구해 관중을 매료시키려 한다. 타조, 악어, 표범, 심지어 하마까지도 등장하는데, 상당수가 곧 있을 경기, 베나티오^{venatio}(사냥)에서 죽게 된다.

베나티오를 진행하기 위해, 세심히게 꾸민 수풀이 경기상 바닥에서 올라오기도 하며 동물이 마술처럼 등장하기도 한다. 단단해 보이는 모래 바닥 아래에는 우리와 터널, 램프가 숨겨져 있고 무대 장치는 지렛대와 평형추를 이용해 끊임없이 바뀐다. 서로 다른 동물을 맞붙이는 사냥도 진행되는데, 곰과 황소, 사자와 코끼리가 서로 싸우게 하는 식이다. 인간 검투사는 대개 지중해 분지에서 가장 사나운 야생 동물과 맞붙게 된다.

시민들의 환심을 사기 위한 왕의 지나친 욕구로 일부 지역에서는 모든 종이 전멸하기도 했다. 공화정 시절에조차 키케로는 이렇게 기록했다.

검은 표범의 경우 나는 사냥꾼에게 최선을 다하라고 가르치고 있
다네. 하지만 이 짐승은 수가 너무 적지. …이들은 이 지역을 떠나
카리아로 가기로 결심했다고 들었다네. 하지만 이 문제는 큰 관심
대상이지. …수중에 들어오는 것은 전부 자네의 것이 되겠지만 무
엇을 잡을 수 있을지는 솔직히 나도 모르겠다네.
　　– 키케로,《친구에게 보내는 편지》2.11.2

로마인들에게 자연은 정복이 아니라 위협의 대상이므로 사냥은 인간의 우월성을 보여주는 확실한 쇼라 할 수 있다. 동물 싸움꾼은 전문가로, 처벌 받는 범죄자라기보다는 투우사에 가깝다. 세네카가 파악했듯 범죄자의 처벌은 보통 점심시간에 거행된다. 식사를 하기에, 혹은 이미 먹은 것을 소화시키기에 적합한 시간일지도 모른다. 로마인은, 정의는 가능한 한 화려하고 난잡하게 구현되어야 한다고 생각한다.

죄질이 가장 안 좋은 이들은 공개 처형인 녹시[noxii]를 당한다. 담

나티오 아드 베스티아스^{Damnatio ad bestias}(맹수형 – 옮긴이)는 죄인, 강간범, 노상강도, 탈영병 등 짐승만도 못한 인간을 위한 것이다. 경기장에 던져진 죄인은 마음대로 돌아다닐 수 없으며 보통 자신이 저지른 죄를 묘사한 말뚝에 묶이게 된다. 참고로 기독교를 믿는 것은 이 죄에 해당되지 않는다. 기독교인의 처형은 아주 가끔씩만 거행되며 기독교인이 사자 우리에 던져지더라도 콜로세움에서는 아니다.

처형식이 12번 정도 거행된 뒤에는 이에 만만치 않은 우울한 장면이 연출된다. 채찍과 달궈진 무쇠로 협박을 받은 죄인들이 서로 죽을 때까지 싸우게 되는데, 이 싸움에서 승리하더라도 끝이 아니다. 승자는 자신이 죽을 때까지 계속해서 새로운 적과 맞서 싸워야 한다. 경찰이 존재하지 않는 사회에서는 이러한 처벌의 범죄 방지 효과가 상당히 강하며, 관중들은 공포의 대상인 악인들이 이에 맞는 처벌을 받는 것을 보며 안심하게 된다.

점심 식사가 끝나면 경기장 바닥에 깨끗한 모래를 흩뿌린 뒤 검투사 싸움에 앞선 준비 경기가 시작된다. 이는 보통 광대와 난쟁이 사이에서 벌어지는 싸움처럼 코믹성이 짙으며 사망자가 발생하기는커녕 유혈사태조차 발생하지 않는다. 한낮의 열기가 올라오기 시작하면 미세늄 함대 소속 천 여 명의 선원들이 원형경기장 꼭대기에 설치한 돛대를 고정시키는 밧줄 위로 무리지어 들어와 대형 돛을 쳐서 관중에게 그늘을 제공한다. 이 돛은 다양한 색으로 염색되어 있는데 관중들 위로 시시각각 변하는 빛의 모습은 차양이 전혀 제공되지 않는 경기장에서 펼쳐지는 비현실적인 경기와 큰 대조를 이룬다.

경기 준비가 끝나면 관중들의 갈채 소리와 함께 검투사가 모습을 드러낸다. 처음에는 한 조의 검투사를 다른 조와 맞붙이지만 인기 있는 검투사의 경우 계속해서 대중의 관심을 받는다.

경기 중에는 안다바타에^{Andabatae}라는 기이한 싸움이 벌어지기도 한다. 검투사들은 눈이 뚫리지 않는 헬멧을 쓴 채 허세를 부리며 치명적인 경기를 펼친다. 검투사의 갑옷은 작은 상처는 막아주지만 목숨을 앗아갈 만한 강력한 공격으로부터 검투사를 보호해주지는 못한다. 검투사가 쓰러지면 관중들은 하베트^{habet}(잡았다!)라고 외치며 치명타를 입을 경우 페락툼 에스트$^{peractum est}$(끝났다!)라고 외친다.

더 이상 싸움을 계속할 수 없는 검투사는 검지를 치켜 들 것이다. 이는 경기 상대가 아니라 경기를 개최한 에디토르^{editor}에게 자비에 호소하는 것이다. 에디토르는 보통 황제로부터 신호를 받는데 황제는 대중의 의견을 따른다. 기다란 막대를 휘두르는 심판은 결정이 내려질 때까지 두 검투사를 떨어뜨려 놓는다. 관중은 싸움을 잘 하는 인기 있는 검투사에게 미트^{mitte}(공격해!)라고 외치며 다른 검투사를 향해서는 유굴라! 유굴라!$^{iu-gular! iu-gular!}$(목을 쳐라! 목을 쳐라!)라고 외칠지 모른다.

죽이라는 결정이 내려질 경우 관중은 순식간에 조용해진다. 검투사는 죽음을 용감하게 받아들여야 한다. 패배자는 고개를 숙인 채 적 앞에 무릎을 꿇은 뒤 이제는 자신의 사형 집행인이 된 상대의 허벅지를 움켜쥐며 몸을 고정시킨다. 상대는 칼이 희생자의 척추뼈에서부터 심장까지 닿도록 크게 내리친다.

'엄지손가락을 들어올리는' 표시는 사실 상당히 애매모호하다. 이는 상대를 죽이기 위해 칼을 아래로 내리치는 모습(상상의 검을 아래로 내리친 뒤 직접 확인해 보아라)을 흉내 낸 것이기 때문이다. 반대로 칼을 칼집에 넣으려면 손을 뒤집어 엄지가 몸을 향해 아래로 향하도록 해야 한다는 사실도 기억하기 바란다. 따라서 애원하는 검투사에게 엄지를 위로 들어 보이는 것은 호의를 베푸는 행위가 아닐지도 모른다.

사망한 검투사는 죽은 자를 위한 무시무시한 출구, 포르타 리비시넨시스를 통해 끌려 나가며 그가 쓰던 무기와 갑옷은 무장한 동지들에게 돌아간다.

승자는 상금과 승리를 상징하는 종려 잎을 비롯해 금관을 수여받기도 한다. 승자에게 줄 동전을 모으기 위해 쟁반을 들고 관중 사이를 돌아다니는 이도 있다. 경기가 끝난 뒤에는 모두 자리에 앉아 다음 경기를 관람하거나 훈련된 동물이나 곡예사가 나오는 서커스를 관람한다. 살육을 쉽게 생각하는 로마인들이지만 성性에 있어서는 얌전을 떠는 경향이 있어 대놓고 성적인 표현을 하는 경우는 드물다.

하지만 콜로세움에서 벌어지는 온갖 드라마에는 성적인 의미가 내포되어 있다. 이는 밤이 되어 경기장 밖으로 나오는 관중을 기다리는 수많은 매춘부를 보면 확실히 알 수 있다. 콜로세움 아치(라틴어로 포르닉스fornix) 아래에 빌린 작은 방에서 사랑을 나누는 노골적인 남녀 한 쌍의 모습에서 '간통하다fornicate'라는 단어가 탄생했다.

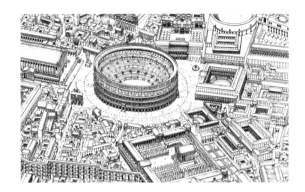

서기 350년의 콜로세움. 하드리아누스가 세운 비너스와 로마 신전, 그리고 콜로세움이라는 이름이 탄생한 콜로수스 네로(네로의 거대한 동상-옮긴이)를 살펴보기 바란다.

가장 흔한 검투사 유형

디마카에리Dimachaeri ⋯→ 짧은 검 두 자루를 든 검투사

에퀴테스Equites ⋯→ 창과 검을 든 기병

에세다리Essedari ⋯→ 전차를 타고 싸우는 켈트족 스타일의 검투사

호플로마키Hoplomachi ⋯→ 그리스 스타일의 장갑 보병, 보통 미르밀로네스나 트라키아와 맞붙는다.

라퀘아리Laquearii ⋯→ 올가미 밧줄을 든 검투사

미르밀로네스Mirmillones ⋯→ 검과 길쭉한 갈리아 방패를 든 검투사, 보통 호플로마키, 트라키아, 레티아리와 붙는다.

레티아리Retiarii ⋯→ 삼지창, 단검, 그물을 들고 다니는 검투사, 보통 세쿠토레스나 미르밀로네스와 싸운다.

삼니움Samnites ⋯→ 사각형 방패와 헬멧, 짧은 검을 든 검투사

세쿠토레스Secutores ⋯→ 방패와 헬멧, 검을 들며 보통 레티아리와 붙는다.

트라키아Thracians ⋯→ 둥근 방패와 굽은 단검을 든 검투사, 보통 르밀로네스나 호플로마키와 싸운다.

오락시설

싸움 중인 검투사. 온갖 과시적인 모습에도 불구하고 치명적인 싸움으로부터 이들을 보호해줄 갑옷이 얼마나 형편없는지 잘 보아라. 오른쪽을 보면 심판이 막대기로 두 검투사를 떨어뜨려 놓고 있으며 진 쪽은 관중의 처분에 복종하겠다는 표시로 검지손가락을 들어 올리고 있다.

**켈라두스 더 트라키아,
3번 등극한 승자
소녀들의 우상**

* * *

크레센스,
밤중에 그물로 처녀를 잡은 자

검투사의 성적인 매력을
입증하는 그래피티

오케아누스, 자유민,
14승,
승자

아라킨투스, 자유민,
9승
패자

-경기장 점수판,
《라틴 명문 전집》 4.8055

로마 속으로 한발 더

파리우스라는 전차 싸움꾼이 박수갈채를 받자 질투심에 불타오른 칼리굴라 황제는 경기장으로 난입해서는 로마인들이 황제를 무시한다며 성을 냈다.

엄청난 크기의 성기 때문에 고군분투하는 검투사의 모습을 담은 인기 있는 작은 조각상은 검투사의 성적인 매력을 잔인하지만 재치 있게 조롱하고 있다.

도미티아누스 황제는 애완동물처럼 키우는 난쟁이를 어루만지며 경기를 관람하곤 했다. 코모두스 황제는 경기장에 모습을 드러낸 동물에게 무차별 사격을 할 수 있도록 경기장에 활을 갖고 왔다.

기록에 따르면 '헤일, 시저! 곧 죽을 우리가 당신에게 인사합니다.'라는 유명한 거수경례는 사실 딱 한 번만 사용되었다고 한다. 검투사들이 글라우디오 황제에게 한 인사로 황제는 이에 비꼬는 말투로 '상황에 따라 안 죽을 수도 있지.'라고 답했다고 한다.

경기를 정기적으로 관람하는 원로원들은 좌석에 자신의 이름을 새겨 특정 좌석을 확보했다.

키르쿠스 막시무스

다음은 데이트 상대를 전차 경기에 데려간 시인 오비디우스의 글이다.

그는 운 좋은 녀석이구려. 당신이 응원하는 저 전차 마부 말이오. 그는 운 좋게도 당신의 관심을 샀구려. 나도 그런 기회가 있었으면 좋으련만. 나는 순식간에 출발해 바람과도 같은 속도로 달릴 거요. 말의 목 언저리 고삐를 잡아당기고 채찍을 휘둘러 순식간에 반환점에 도달할 것이오.

당신은 왜 자꾸 나에게서 멀어지려고 하오? 그건 불가능한 일이오. 좌석이 비좁아 우리는 가까이 붙어 앉아야 하기 때문이오. 경기장이 그렇게 설계된 터라 나에게는 참으로 유리한 상황이오. 헌데 당신은 왜 자꾸 저 여성쪽으로 붙어 앉아 있소? 당신을 보시오. 그렇게 저 여자 쪽으로 기대지 마시오. 그리고 그 뒤에 앉은 당신, 다리를 그렇게 뻗어서 그 울퉁불퉁한 무릎으로 이 여자 등을 찌르지 마시오.

달링, 조심하시오, 옷자락이 땅에 끌리는구려. 옷을 조금만 당기지 그러오, 아니면 내가 해주겠소. …내가 당신의 다리를 보면 무슨 일이 벌어질지 아오? …당신의 매력을 보아 그 우아한 드레스 아래로 숨겨둔 다른 매력들도 쉽게 상상할 수 있소.

프라이토르가 막 신호를 보냈소. 4마리의 말이 이끄는 전차가 출발하오. 당신이 가장 좋아하는 전차가 보이는구려, 당신이 응원하는 사람이 승자요. 말들은 당신이 무엇을 원하

전차 마부는 한 경기 만에 당신이 1년 동안 버는 수입을 벌 것이다.
⋯→ 유베날리스가 교사에게, 《풍자시집》7

는지 아는 것 같소. 오, 맙소사, 저 녀석이 반환점을 얼마나 넓게 돌고 있는지 보시오. 이 한심한 놈아, 악마에게 씌운 것이더냐? 경쟁자가 모퉁이에 바짝 붙은 채 돌면서 네 놈을 앞서고 있지 않느냐. 이 어리석은 놈아, 도대체 뭐하는 짓이냐? 네 놈을 응원하는 여성이 있어봤자 아무 소용이 없구나.

제발 왼쪽 고삐를 당기라고! 오, 우리가 응원하는 저 녀석은 바보로구나. 로마인들이여, 저 놈을 응원합시다. 토가를 흔듭시다. 보이시오? 모두가 토가를 흔들며 저 놈을 응원하는구려. 하지만 저들이 흔드는 토가 때문에 당신의 머리가 헝클어지지 않도록 하시오. 내 토가의 주름 사이에 머리를 넣으시오.

보시오. 이제 경기가 다시 시작되는구려. 빗장이 내려졌소. 그들이 오는구려. 다양한 색상의 전차가 미친 듯이 달리고 있소. ⋯저 놈이 이겼소. 이제 내가 무엇을 할 수 있을지 생각해야 하오. 오, 그 미소, 사랑하는 당신, 그리고 희망적인 모습. 지금은 그것만으로 충분하구려. 나머지는 다음에 주구려.

– 오비디우스, 《사랑도 가지가지》3.2

로마인들에게 검투사 싸움이 열정의 대상이라면 전차 경기는

집착의 대상이다. 작은 전차를 몰며 아슬아슬한 경기를 펼치는 기수를 향해 2만 명의 팬들이 열렬히 함성을 지르는 것만큼 뜨거운 분위기는 없다. 흥분과 장관이라는 측면에서 키르쿠스는 정말로 '막시무스(라틴어로 '제일 큰, 최대의'라는 뜻 — 옮긴이)'다.

이 전차경기장은 가장 오래된 오락장소 중 하나다. 거의 천 년 전, 제정 시대에 건설된 것으로 그 때 이후로 여러 번 재건되었다. 기원전 50년 율리우스 카이사르는 트랙을 현재와 같은 600미터로 확장했다(전차경기장은 폭이 225미터로 스피나spina라 부르는 낮은 통로를 통해 가운데가 나뉘어져 있다).

건물 전체는 네로 황제 때 발생한 끔찍한 화재 이후 거의 바닥부터 재건되었으며 현재 건물은 트리야누스 황제의 작품이다. 그는 관중석을 새롭게 단장했으며 좌석을 5천 개 추가했다.

원형경기장의 엄격한 좌석 배열과는 달리 전차경기장의 좌석은 전적으로 얼마나 빨리 도착하느냐와 관중을 얼마나 잘 헤치고 들어가느냐에 달려 있다. 9월에 열리는 루디 로마니(로마 대제전 — 옮긴이) 같은 주요 행사에서는 많은 로마인이 키르쿠스가 내려다보이는 팔라티노 언덕의 남쪽 경사로에서 소풍을 하며 경기를 관람하는 것을 좋아한다. 가장 좋은 좌석은 서쪽 끝(뭉툭한 쪽)에 위치한 좌석으로 황제석 근처에 위치한다. 하지만 황제석에서 경기가 가장 잘 보이는 것은 아니다. 이는 신상을 모시기 위한 신성한 좌석, 풀비나르pulvinar로 정무관은 열을 지어 신전에서부터 이 조각상들을 끌고 온다. 로마에서는 모두가 전차 경기를 보러 간다.

스피나에 놓인 20미터에 달하는 방첨탑은 원래 기원전 1250년 경, 이집트 헬리오폴리스에 세워졌다(방첨탑은 기원전 1587년 키르쿠스에서 포폴로 광장으로 옮겨진다). 선수들이 한 바퀴 돌 때마다 스피나를 따라 놓인 7개의 석조 계란 중 하나가 제거된다. 트랙 한쪽 끝에 위치한 좌석에 앉은 이들은 이 계란을 볼 수 없다. 그들의 눈에는 계란을 제거하기 위해 고개를 숙이는 청동 돌고래들만 보일 뿐이다. 아우구스투스의 장군, 아그리파는 자신이 기원전 31년 안토니우스와 클레오파트라를 무찌른 함선을 이끈 장군이라는 점을 대중들에게 상기시키기 위해 이 고래 조각상을 세웠다.

전차 마부는 홍색조, 백색조, 녹색조, 청색조 등 조 별로 경기를 펼친다. 로마인들은 거의 대부분 한 팀을 응원한다. 내기의 열기는 치열하며 응원의 열기 역시 상당히 강하다. 경기를 짜고 쳤다는 의심만으로도 폭동이 일어날 수 있다. 지하 세계의 악마를 소환하는 다음과 같은 저주의 명판이 발견되기도 했다.

…녹색조와 백색조에 소속된 말들을 고문하고 죽여라. 마부 클라루스, 펠리스, 프리물루스와 로마누스를 죽인 뒤 그들의 시신에서 나오는 숨결을 완전히 짓밟아라.

바깥쪽에서 출발하는 팀이 불리하지 않도록 보통 12대의 전차가 시차를 두고 출발한다. '단수 참가' 경기는 조원들이 한 대의 전차에 모두 탄 채 펼치는 경기다. 사실 매 년 십여 명의 마부가 경기 도중

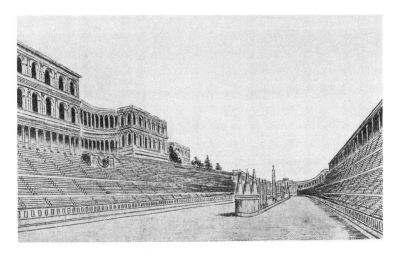

키르쿠스 막시무스

사망하기 때문에 굳이 악마를 소환할 필요가 없다. 이 젊은이들의 경우 '빨리 살고 젊어서 죽자.'라는 격언이 딱 들어맞는다. 그들이 끄는 전차는 바퀴가 달린 작은 연단에 불과해 치명적인 충돌이 자주 발생한다.

키르쿠스의 영웅, 스코르푸스, 너는 박수갈채를 받았지만 수명이 짧았다. 고작 스물여섯 살의 나이에 비극적인 운명에 채였구나. 년 수가 아니라 성공으로 운명을 셈하는 바람에 너는 노인이 되었지. 얼마나 부당한 일인가! 스코르푸스, 너는 젊음을 빼앗겼고 죽음이라는 어둠의 말을 너무 일찍 몰았구나. 너는 몇 번이고 서둘러 결

키르쿠스 막시무스

키르쿠스 막시무스는 길이가 3.5스타데스^{stades}(610미터 정도)이며 폭이 4플레트라^{plethra}(122미터)다. 이 경기장에는 두 긴 면과 짧은 한 면을 통해 물을 받기 위해 깊이와 폭이 305미터인 운하가 파여 있으며, 이 뒤로 3층 높이의 열주랑이 위치한다. 극장처럼 점점 높아지는 형태의 1층에는 석조좌석이 놓여 있고 2층에는 나무 좌석이 놓여 있다. 두 개의 긴 열주랑은 초승달 모양의 짧은 열주랑과 연결되어 있어 세 개의 열주랑은 공연장에서처럼 하나의 열주랑을 형성한다. 단, 이 경기장은 8스타데스(거의 1.5킬로미터)의 순환로를 갖추고 있으며 15만 명의 관중을 수용할 수 있다. 짧은 열주랑에는 지붕이 없지만 출발을 기다리는 말을 위해 지붕 달린 마구간이 있다. 이 마구간의 문은 경기의 시작을 알리는 신호와 함께 외줄로 동시에 열린다. 키르쿠스의 바깥에는 1층짜리 열주랑이 하나 더 있다. 위에 상점과 아파트가 있는 이 열주랑에는 관중을 위한 출입구와 경사로가 있어 수 천 명의 사람이 큰 혼잡함 없이 들고날 수 있다.

－ 할리카르나소스 출신의 디오니시우스,
  《로마사》 3.68

경기 중인 전차 마부

승점을 건넜다. 이제 와서 그것이 왜 네 목숨의 한계를 결정지어야

한단 말인가?

    - 마르티알리스, 《경구》 10.53

키르쿠스 막시무스는 이따금 기독
교인의 처형 같은 잔인한 행위가 벌어지
는 장소로 이용된다. 하지만 이러한 처
형식은 바티칸 언덕 인근에 위치한 키르
쿠스 네로에서 더 자주 시행된다. 기독
교의 성인, 성 베드로가 묻힌 곳에서 멀

크레센스, 청팀 마부,
모리타니에서 출생,
22세에 사망

-전차 마부의 묘비명,
《라틴 명문 전집》 6. 10050

지 않은 곳이다.

로마 속으로 한발 더

한 경기가 끝나면 곡예사가 공연을 하고 동물 쇼가 시작된다.
이러한 행사에서 '서커스circus'라는 단어가 유래했다.

아우구스투스는 경기장에 점심을 싸갖고 오는 남자를 비난하
며 이렇게 말했다. '나는 먹고 싶을 때 집에 가겠소.' 이 말에 남자
는 태연하게 대답했다. '자리를 빼앗기는 건 걱정 안하오?'

관중들은 방석을 직접 가져온다. '키르쿠스 패딩'이라 부르는
가난한 이의 방석은 잘게 다진 골풀로 만든 두꺼운 깔개다.

극장

연극은 지식인들의 사랑을 받지만 진가를 다소 인정받지 못하
는 오락거리다.

이 연극을 처음 올리려고 했을 때 나는 유명한 권투선수, 줄타기
곡예사와 관중을 두고 경쟁해야 했다. …그래서 무대 담당자의 오
래된 속임수를 쓰기로 했다. 나는 공연을 두 번 무대에 올렸다. 효

과가 있었다. 제 1막이 끝날 때까지 관중을 붙들어 놓을 수 있었다. 바로 그 때 누군가 검투사 경기가 곧 펼쳐질 거라는 소문을 퍼뜨렸고 관중들은 가장 좋은 자리를 차지하려고 서로를 거의 밟아 가며 우르르 떼지어 나가기 시작했다.

- 테렌티우스, 《시어머니》 21-34

위로 뻗은 짙은 황색과 보라색 캐노피가 가로보 위로 펄럭이자 화려한 풍경과 혼잡한 객석 사이로 이 색상들이 물결친다. ⋯⟶ 루크레티우스, 《사물의 본성에 관하여》 4.75-80

그리스 비극을 관람하고 싶은 이들은 비공개 공연을 보는 편이 가장 좋다. 하지만 주의할 점이 있다. 아이스킬로스나 소포클레스의 작품을 좋아하는 이들은 그리스 원문으로 작품을 감상하기를 좋아한다는 것이다(식자층 로마인들은 거의 대부분 이중 언어를 구사한다). 다행히 테렌티우스나 플라우투스 같은 생기 넘치는 라틴어 작가들도 있다. 훗날 셰익스피어는 문학을 과장된 희극과 결합한 이들의 작품 양식을 모방하기도 했다. 이러한 연극의 즐거움은 우아한 무대를 배경으로 상영될 수 있다는 점이다(따라서 관람객은 편안한 좌석에 앉아 연극을 관람할 수 있다. 하지만 극작가 시대에 로마인들은 연극을 서서 즐겨야 한다고 주장했다). 최소한의 소도구만을 갖고 순회하는 배우 두, 세 명이 같은 언극올 빈갈아 가머 무내에 올리기도 한다. 이러한 연극에서 대부분의 장면은 집 바깥 도로에서 펼쳐진다. 따라서 작은 극단이 몇 킬로미터에 이어지는 거리의 정면을 차지하고 즉흥 공연을 펼칠 수 있다.

희극배우가 진부한 등장인물을 연기하고 있다. 돈을 물 쓰듯 하는 아들에게 화가 나 회초리를 휘두르는 아버지를 주위에서 말리고 있다. 양식화된 마스크와 배경 무대장치를 잘 보아라.

연극은 장이 서는 날이나 공휴일에 개최되기 때문에 배우들은 축제 분위기에 젖은 관객들에게 맞춰 공연을 펼친다. 거의 일어날 것 같지 않은 우연한 사건과 신원 오인, 도덕적인 딜레마가 한 데 어우러진 한결 같은 사건이 줄거리를 이루지만 신이나 반신반인이 언제라도 예상치 못하게 등장해 반전을 선사하곤 한다. 사실 갑자기 마지막 순간에 신이 무대에 등장해 모든 문제를 해결해주는 플롯 장치는 너무 진부해 데우스 엑스 마키나$^{deus\ ex\ machina}$는 '즉각적이고 기적적인 해결'을 의미하는 말이 되었다.

무언극은 사실상 줄거리가 없는 공연으로 신화를 바탕으로 폭력적이고 선정적인 음악과 춤을 선보인다. 따라서 엘리트층의 혐오를 사지만 일반 대중에게는 큰 인기가 있다.

테르프시코레(춤을 관장하는 여신)보다 에우테르페(서정시의 여신)를 선호하는 사람은 시 낭독, 위대한 작품의 연설, 리라나 플루트 장인의 연주를 즐길 수 있는 소극장, 오데움^{odeum}을 찾는다. 네로 황제는 이러한 무대에서 대중 앞에서 공연을 펼쳤는데, 형편없는 연기뿐만 아니라 음악가가 배우보다 딱 한 단계 높다는 이유 때문에 대중의 반감을 샀다. 배우들의 위치는 매춘부 바로 위인데 조금의 유혹만으로도 언제든 한 단계 낮아질 수 있다. 이제 로마의 또 다른 유흥거리를 살펴볼 차례다. 돈을 주고 성관계를 맺는 행위다.

로마 속으로 한발 더

수세기 후에도 오데움은 문화의 성전이 될 것이다. 대중들은
레그눔 아그리폴리움^{Legnum Agrifolium}(할리우드)의 최신 영화를
보기 위해 그 지역의 오데움으로 무리지어 갈 것이다.

로마 연극은 대부분 5막으로 이루어진다. 관중들은 연극을 보
며 팝콘 대신 대추를 씹어 먹는다.

네로의 공연은 너무 끔찍해 일부 관객은 밖으로 빠져나갈 타당
한 구실을 만들기 위해 죽은 척하기도 했다고 한다.

로마법에 의하면 배우, 검투사, 범죄자, 노예가 간음하다 인 플
라그란테 델리크토^{in flagrante delicto}로(현행범으로 – 옮긴이) 잡힐
경우 그 즉시 처형당할 수 있다.

쿰 베라^{cum bela}라고 광고하는 공연에 주의하라. 이 공연이 상
영되는 극장은 상단에 차양을 매달아 그늘을 제공하는데, 저렴한
소재 때문에 관객들은 여름의 뜨거운 햇살 아래 달궈지고 만다.

매춘&사창가

로마에서 매춘은 역사가 깊다. 로마를 건설한 로물루스와 레무
스는 암 늑대의 젖을 먹고 자랐다고 하는데, 매춘을 의미하는 속어가
루파^{lupa}(암 늑대라는 뜻 – 옮긴이)라는 사실과 지금도 '암 늑대, 즉 루파'는

버려져서 죽게 될 아이들을 구출해서 이 아이들을 매춘부로 이용한다는 사실을 보면 신빙성 있는 이야기라 하겠다.

로마 거리에는 목욕장 벽에 그려진 외설적인 그림에서부터 남성과 여성의 성기 모양으로 된 빵에 이르기까지 일상에서 직설적인 성애물이 넘쳐난다. 이것은 그 자체로는 외설물이 아닐 수 있다. 발기한 남성의 성기를 본 딴 배 모양의 와인도 판매되는데, 남근은 건강과 번영, 풍부함을 상징하기 때문이다 (그렇기는 해도 거나하게 취한 사람만이 병째로 술을 마신다). 그렇지만 그림과 조각상은 대부분 정확히 그들이 묘사한 대상을 의미한다.

창백하고 핏기 없는 기톤과 나는 난잡한 매춘부에 의해 죽음의 문으로 끌려갔다.
··→ 페트로니우스, 《사티리콘》2

나는 추가로 데나리를 지불할 경우 둘 다 취하게 해줄 여성을 원하오.
··→ 마르티알리스, 《경구》9.32

어떤 젊은이가 그녀와 자게 된다면, 그는 그녀를 타락하게 만든 사람인가 그녀의 고객인가?
··→ 키케로, 《카일리오를 위하여》20.49

로마인들은 성에 있어 그렇게 개방적이지 않다. 예를 들어, 마르티알리스는 여자친구가 상상력이 풍부하고 침대에서도 열정적이지만 벗은 상태나 살짝만 옷을 걸친 상태로는 함께 목욕하기를 거부한다고 불만을 표한다. 그리스인들은 로마인들이 성행위 광경을 지나치게 꺼려해 불을 켠 상태로는 성관계를 맺지 못한다고 놀리곤 한다.

로마 곳곳에서 매춘부를 찾을 수 있다. 그들은 공공건물 아치 아래 자신만의 포르닉스(반원형 지붕이 있는 통로 − 옮긴이)를 두고 있다. 앞서 살펴봤다시피 콜로세움도 예외는 아니다. 그들은 특히 성전 주위에 많이 자리 잡고 있어 기독교 문인들에게 매력적인 비유거리를 제공해준다. 어떤 매춘부들은 자신이 좋아하는 습관에 따라 이름이 붙기도 한다. 묘지에서, 때로는 무덤 안에서 성관계를 맺는 매춘부는 부스투아리아^{bustuaria}(무덤 관리인)라 불린다. 매춘부 중에서도 고위층 인물들을 상대하는 메레트릭스^{meretrices}는 고급 매춘부다. 루파는 '암 늑대'의 소굴인 루파나리아^{lupanaria}(사창가)에 머문다. 거리를 배회하는 매춘부들, 스코르타 에라티카^{scorta erratica}와 밑바닥 매춘부들은 말 그대로 '싸구려' 매춘부인 디오보-라리아^{diobo-laria}다. 대부분의 시대와 문화에서 그렇듯 이 일은 위험하고 수치스럽기 때문에 로마 매춘부의 상당수가 사실은 성 노예다.

녹틸루카^{noctiluca}('밤 나방')조차 자신만의 공간에서 서비스를 제공하기를 원한다. 밀짚 매트리스가 깔린 돌침대가 놓인 이 작은 방은 술집 후면에서 화장실만큼이나 쉽게 찾아볼 수 있다.

공급과 수요의 법칙에 따라 성매매 비용은 저렴하다. 거리에서 호객행위를 하는 매춘부는 빵 한 조각 값에 살 수 있으며 조금 더 비싼 사창가 매춘부조차 평균 노동자의 2~3시간 임금이면 살 수 있다. 스타불룸은 일반적인 여관이나 사창가 둘 다를 의미할 수 있기 때문에 방을 예약하기 전에 반드시 확인해야 한다.

사창가는 특정 지역에서 많이 몰려 있다. 정부 규제 때문이 아니라 그곳에 고객이 많기 때문이다. '수부라'는 악명 높은 홍등가로 키르쿠스 막시무스 근처 파트리치우스 거리를 따라 위치한 수많은 집에는 힉 베네 푸투이^{hic bene futui}라는 낙서가 쓰여 있다. 사창가에서 제공되는 서비스의 질에 대한 험담이다.

대부분의 사창가는 오후 2시 반에 문을 연다(매춘부를 '9시간 여자'라고 부르기도 하는 이유다). 레나^{lena}라 부르는 포주는 문 앞에서 돈을 받은 뒤 손님에게 토큰을 건넨다. 이 토큰에는 어떠한 서비스를 구매했는지가 생생히 묘사되어 있다. 벨레 두 주르$^{belle\,du\,jour}$(오늘의 미인이라는 뜻의 프랑스어 ─ 옮긴이)는 자신의 방에 앉아 헝겊을 잇대 만든 커튼 뒤에서 고객을 기다린다. 그녀의 이름과 가격, 전문 분야가 문 옆에 적혀 있다. 로마의 잔인하리만치 가부장적인 정신에 따라 고객은 남성뿐이다. 여성들은 검투사나 노예, 목욕 시중부 등으로 성적 쾌락을 만족시키며 돈이 정말 궁하거나 성욕을 주체할 수 없을 경우 성을 사는 사람이 아니라 서비스를 제공하는 사람이 되곤 한다. 가난한 이들은 상당수가 부업으로 돈을 버는 것에 반대하지 않으며 시간제 매춘부는 사회적 반감을 별로 사지 않는다. 게다가 이들은 정규직 근로자처럼 세금을 지불하지도 않는다.

하지만 '여공 클라우디아, 저렴한 가격에 끝내주는 구강성교를 제공함.' 같은 낙서는 주의해야 한다. 불만을 품은 남자친구가 쓴 것으로 클라우디아는 기대감에 가득 찬 고객을 그다지 반기지 않을 수 있기 때문이다.

방문객이 주의해야 할 성병이 아주 조금 있다. 저렴한 시장으로 갈수록 포진이나 클라미디아를 비롯한 기타 음부 감염에 걸릴 확률이 높아진다(고급 사창가는 인근 샘물에서 물을 날라다주는 남자아이를 고용해 매춘부들이 고객을 접대할 때마다 몸을 씻을 수 있도록 한다. 최고급 사창가는 수도에 바로 연결되어 있어 해당 시설이 어느 면에서나 연줄이 풍부함을 알 수 있다). 로마 상류층은 사창가를 애용하는 것을 부끄럽게 여긴다. 하지만 이는 성매매가 부도덕적이라기보다는 매춘업소가 일반 시민을 대상으로 한 것이기 때문이다. 사실 원로원을 비롯해 도시 당국자조차 이러한 사창가를 직접 운영하거나 가맹점을 운영해 꽤 높은 수입을 거두고 있다. 10대 남성이라면 신분에 관계없이 밤늦은 시간까지 이어지는 음주 자리에서 결국 사창가로 향하게 될 것이다.

> 젊은 남성이면서 심지어 매춘부와 성 행위를 하는 것을 금지해야 한다고 생각하는 사람이 있다면 그는 분명 무척 고결한 사람일 것이나 오늘날의 느슨한 정조 관념뿐만 아니라 선조들의 완화된 규율의 관점에서 보더라도 현실과 동떨어진 사람이 분명하다. 성행위가 금지된 적이 있기나 하단 말인가? 법적인 행위를 하는 게 잘못될 수 있단 말인가?
> – 키케로, 《카일리오를 위하여》 48

그럼에도 불구하고 로마에서 매춘과 범죄는 보통 밀접한 관련이 있다. 유혹에 취약한 사람은 카비에트 엠프토르caveat emptor('구매자 위험 부담 원칙')이라는 용어를 만든 사람이 바로 로마인이라는 사실을 기억하기 바란다.

오락시설

로마 속으로 한발 더

소문에 따르면 색정증 환자인 로마 황후 메살리나는 사창가에서 성적 쾌락을 만족시켰다고 한다. 그녀는 하룻밤에 사창가에서 가장 잘 나가는 매춘부보다도 더 많은 파트너를 상대했다.

범죄를 저지른 여성 노예는 죗값으로 사창가에 팔릴 수 있다.

매춘부는 은퇴한 뒤에도 특정 직업을 가질 수 없다.

해적에게 잡힌 여성은 몸값을 지불받지 못할 경우 보통 사창가에 팔린다.

신전, 판테온, 종교 행사

로마는 말할 것도 없이 신의 도시다. 신의 도움이 없었더라면 어떻게 로마가 세상에서 가장 강력한 도시가 될 수 있었겠는가? 로마에는 신이 넘쳐난다. 로마 종교에 수백 명이 넘는 신이 있을 뿐만 아니라 유대인, 아랍인, 독일인, 스페인인, 영국인 등이 자국만의 신을 들여왔기 때문이다. 거리마다 작은 사당이 있으며 신전은 술집만큼이나 흔하다.

가장 가까이에 위치한 로마 신전을 찾으려면 여러분이 머무는 집 안에서 가정의 신에게 바치는 작은 신전, 라라리움lararium을 살펴보면 된다. 이러한 가정에서는 식사 도중 음식이 바닥에 떨어질 경우 이를 제물로 태우는 것이 관례다.

가정의 수호신들인 페나테스Penates는 로마 집의 전통적인 중심지인 화로에 터전을 둔다. 보통 가족의 남자 가장, 파테르파밀리아스paterfamilias가 해당 가정을 지키는 수호신들의 사제 역을 맡지만 결혼식에서는 신부가 새로운 가족의 신에게 제물을 바치기도 한다.

로마 종교는 팍스 데오룸pax deo-rum(신과의 평화협정 — 옮긴이)을 바탕으로 한다. 신에게 의례와 희생제를 올릴 경우 그들이 해당 마을에 남아 마을을 보호해주는 것이다. 주요 신들은 초 현상(혜성이나 벼락같은 흔치 않은 사건), 홍수, 전염병, 지진을 통해 불만을 표할지도 모르만 이들이 도시를 완전히 저버릴 경우 상황은 훨씬 악화된다. 사실 로

온갖 신과 여신의 이름을 책 한 권의 한 장에 어찌 다 기록할 수 있단 말인가?
⋯→ 아우구스티노, 《신의 도시》 4.8

살인자가 카이사르에게 접근할 거라는 사실이 확실한 징후를 통해 예견되었다. ⋯그는 이 징조를 무시한 채 원로원으로 향했다.
⋯→ 수에토니우스, 《카이사르의 삶》 81

마에는 에보카티오^{evocatio}라 불리는 의식이 있다. 정말로 힘겨운 시기에 적군의 도시를 관장하는 신들을 소환하는 것으로 사제는 그들더러 현재 도시를 버리고 로마의 뛰어난 시설로 오라고 설득한다. 이는 효과적인 방법처럼 보이지만 그 결과 가뜩이나 넘쳐나는 로마 신전이 더욱 많아지게 된다.

로마인들은 신을 향해 의무적으로 의례를 치루지만 정말로 해당 신을 믿는지 여부는 중요하지 않다. 로마 시민은 공식적인 의례에는 참석하지만 자신이 좋아하는 다른 신을 자유롭게 숭배할 수 있다. 로마의 신은 경배와 존중의 대상이지만 반드시 사랑받아야 할 필요는 없으며 세무 당국이 사람들이 다른 세금을 내는 것에 관심이 없는 것처럼 사람들이 다른 신에게 제물을 바치는 것에 관심이 없다. 사람들은 의무의 실행과 상호 존중이라는 차원에서 신을 대할 뿐이다. 특정 신을 향해 깊은 사랑을 고백하는 것은 수페르스티티오^{superstitio}라 하는데 이런 사람은 아마 심리적으로 불안할 상태일 것이다.

로마의 신은 시민의 신이기 때문에 종교와 국가가 분리되어 있지 않다. 황제가 제사장인 폰티펙스 막시무스^{Pontifex Maximus}의 역할을 맡으며 오늘 법원을 관장하는 판사가 내일은 유피테르에게 황소를 제물로 바칠 수 있다. 로마를 방문한 사람은 이러한 희생제가 진행되고 있는 것을 언제든 목격할 수 있을 것이다. 제물로 바치는 동물에 꽃으로 만든 화환을 씌워 사원 정면에 위치한 제단으로 끌고 간다. 그러면 사제는 동물의 등에 특별한 가루(몰라^{mola})를 뿌려 신에게 바친다. 불에 태운 희생물을 죽인 뒤 아루스펙스^{haruspex}라 부르는 사제가 내장을 살펴볼 수도 있다. 완벽한 형태의 장기는 모든 것이 괜찮다는 신호이며 기형이나 동물이 원치 않게 죽은 것처럼 보일 경우 신이 불만이 있다는 표시다.

동물의 내장은 신에게 바치기 위해 태우며 남은 고기는 다른 물질로 채운다. 이 고기는 그 자리에서 팔리기도 하는데 이 고기는 살만한 가치가 있다. 조금 비싸기는 하지만 신과, 심지어 위대한 유피테르와 감히 같은 식사를 하는 것을 어찌 값으로 매길 수 있겠는가?

로마 속으로 한발 더

지하세계의 신에게 바치는 제물은 홀로코스트holocaust('전부 태운'이라는 의미의 그리스어)에서 전부 태우며 고기는 먹지 않는다.

사제나 정무관이 번쩍이는 번개를 비롯해 기타 신의 반대를 의미하는 표식을 봤다고 선언할 경우 모든 활동이 즉각 중간되거나 연기될 수 있다.

로마 황제들은 (원로원의 칙령에 따라) 보통 사후에 신이 되었다. 베스파시아누스 황제는 중병을 앓게 되자 아들에게 '나는 신이 되는 것 같다.'라고 말했다.

로마인들이 성기를 붙잡은 채 신에게 맹세하는 행동은 '증인'을 의미하는 라틴어 테스티스testis에서 나왔다. 사실 '테스티스 testes'는 그리스 의학 용어 파라스타테스parastates에서 유래했을 것이다.

신전

　카피톨리노 언덕의 유피테르 신전. 가장 먼저 들릴 신전은 국교의 중심지인 카피톨리노 언덕의 유피테르 신전이다. 이름에서 알 수 있듯 카피톨리노 언덕에 자리 잡은 이 신전은 로마에서 가장 오래된 사원으로 거의 천 년 전 로물루스가 로마를 건설한 직후 세웠다고 알려져 있다. 로마인들에게 이 신전은 로마의 힘과 영광을 상징한다. 사원의 기초를 팠을 때 인간의 머리가 발굴되었다고 하는데, 예언자들은 이것이 로마가 언젠가 세상을 지배하게 될 거라는 사실을 의미한다고 해석했다.

　오늘날 이 기초에는 헌납한 제물, 조각품, 보물로 가득 찬 터널이 뚫려 있다. 신전의 지붕은 한 때 조각들로 장식되어 있었으나 로마에서 가장 높은 건물이었던 이 신전은 주기적으로 유피테르의 번개를 맞았고 결국 손상된 조각상은 지하에 조심스럽게 보관되었다. 현재 사원은 도미티아누스 황제의 작품으로 도미티아누스는 서기 80년 화재로 무너진 건물을 서기 82년에 재건하였다. 서기 69년 내전으로 불타 없어진 것을 재건한 직후였다. 그 전에는 번개에 맞은 건물을 아우구스투스 황제가 기원전 26년에 재건했으며 그가 복구한 건물은 기원전 83년에 소실된 후 다시 지은 것이었나. 따라서 아직 건재할 때 봐두기 바란다!

　신전의 모습은 굉장하다. 기단이 2.4미터에 달하는 기둥은 로마의 그 어떤 건물에서도 찾아볼 수 없는 흰색 대리석으로 만들었다. 문은 금으로 도금했으며 지붕 타일에조차 금박을 입혔다. 신전은 사각형이며 정남쪽에서 약간 동쪽을 향하고 있다. 내부에는 개별 신을 모시는 방인 켈라^{cella}가 세 곳 있다. 이 신전은 유피테르 말고도 유노와 미네르바를 모시고 있기 때문이다(경계의 신, 테르미누스를 모시는 작은 신전도 찾아보아라. 모든 신중에서 그와 청춘의 여신, 유벤투스만이 유피테르 신전이 건설되었을 때 언덕에 자리 잡은 원래 신전을 떠나 새로운 장소로 가기를 거부했다). 유피테르의 원래 조각상은 테라코타로 만들었으며 축제날이면 얼굴을 붉은 색으로 칠했다(황제가 승리를 축하하기 위해 말을 타고 의기양양하게 행진할 때 얼굴을 붉게 칠하는 이유다). 오늘날 유피테르 동상은 온전히 금과 상아로만 만들어졌으며 앉아 있는 모습이다.

집정관은 이 신전에서 처음으로 공공 희생제를 치렀으며 황제는 이 신전에서 승리의 행진을 마쳤고 주변 세력과 로마의 관계를 기록한 문서 역시 이곳에 저장되어 있다.

로마 속으로 한발 더

유피테르 옵티무스 막시무스^{Iuppiter Optimus Maximus}는 보통 IOM으로 줄여 쓴다. 수많은 헌정글의 시작을 장식하는 세 글자다.

기원전 31년, 아우구스투스 황제는 마르쿠스 안토니우스와 클레오파트라에게서 몰수한 선박의 램(기계에서 무엇을 세게 치거나 상하, 수평 이동을 하는 데 쓰이는 부분—옮긴이)으로 유피테르 신전을 받치는 네 개의 청동 기둥을 만들었다.

포룸 신전: 카피톨리노 언덕에서 출발해 게르모니아 돌계단을 따라 걷다 보면 마메르티노 감옥을 지나 포룸으로 향하게 된다. 포룸에 대해서는 나중에 자세히 살펴보기로 하고 지금은 포룸의 북서쪽 모퉁이에 서 있는 사투르누스 신전의 화강암 기둥을 살펴보기로 하자. 대부분 석회암으로 만들어진 이 건물은 유피테르 신전과 베스타 신전 다음으로 오래된 로마의 종교 건물로 기원전 498년에 헌정되었지만 지금 모습은 기원전 42년에 복구된 것이다. 이 신전이 건립되었을 때 로마는 여전히 농경 사회였다. 게다가 사투르누스는 옵스(행운의 여신)의 남편이기도 했지만 농경의 신이기도 하다. 이곳에는 로마법 체계의 기초가 된 고대 12표법의 청동 명판이 놓여 있다.

> 유피테르, 당신에게 승리의 전리품으로 제가 적국의 왕에게서 빼앗은 갑옷을 바칩니다. …또한 이 성역도 당신께 헌납합니다.
> ⟶ 로물루스가 유피테르 신전을 건립하며 C. 기원전 750년, 리비우스, 《로마사》 1.10

이 신전에는 상아로 만든 사투르누스의 조각상이 있다. 조각상의 발 부분에 묶여 있는 모직 끈은 그의 축제날인 사투르날리아(농신제, 12월 17일) 기간에만 푼다.

사투르누스 신전 반대편에는 원로원 의사당인 쿠리아가 있다. 쿠리아는 그 자체로 하나의 사원인데 원로원은 신성한 땅에서만 모일 수 있기 때문이다. 쿠리아 안에는 로마인들이 기원전 272년 피로스 황제에게서 포획한 승리의 여신상이 놓여 있다. 이 조각상을 제거할 경우 로마는 머지않아 무너질 것이라는 전설이 있다. 로마인들은 원래 기독교인을 싫어하기 때문에 기독교를 믿던 황제들이 서기 5세

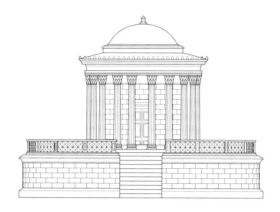

베스타 사원의 일부

기에 이 조각상을 제거한 뒤 로마가 곧 멸망한다는 사실은 언급하지
않는 편이 좋을 것 같다.

다음으로 살펴볼 신전은 유노와 세레스(농작물의 여신으로 '시
리얼'이라는 단어의 어원이다)의 자매인 화로의 여신 베스타를 기리
는 신전이다. 서기 191년에 재건된 이 신전은 사면에 열주랑이 있으
며 가운데에는 분수와 연못이 있는 정
원이 있다. 베스타 신전 안에는 조각
상이 없는 대신 신성한 화롯불이 있으
며 신전의 일부에는 베스타 처녀들만
들어갈 수 있다. 베스타 처녀들은 희
생제에 사용될 몰라(가루)를 준비하
며 성화를 관리한다.

나는 신성한 의식을 거행할
베스타의 여성 사제로 …너를
받아들인다. 베스타의 여성
사제는 로마인들을 대신해
의식을 거행할 의무가 있기
때문이다.
…, 폰티펙스 막시무스가 새로운
베스타 처녀를 취임시키는 말

종교

이 성화가 꺼지는 것은 흉조라 여겨지는데, 베스타 처녀들에게는 더욱 안 좋은 소식이다. 그들 중 한 명이 순결을 잃었다는 의미이기 때문이다. 죄가 있는 처녀가 발각돼 처벌을 받고 그녀의 애인이 맞아죽고 나면 나뭇가지를 비벼 불을 다시 점화시켜야 한다. 베스타 처녀들은 30년 동안 성스러운 업무에 헌신하는데 그 후에는 신전에서 나가 결혼도 할 수 있다. 하지만 질투 어린 신이 남편의 명을 급격히 낮춘다고 알려진 데다 무신론자이자 죽음을 동경하는 남자는 적합한 배우자가 아니기에 베스타 처녀들은 상당수가 은퇴 후에도 결혼을 하지 않은 상태로 신전에 머무른다.

다음으로 방문할 곳은 2세기 중반에 지어진 안토니누스와 파우스티나 신전으로, 벽돌 계단으로 둘러싸인 높은 주추 위에 세워진 대리석 구조물이다. 안토니누스 황제와 그의 아내 파우스티나에게 헌정된 이 신전은 뛰어난 내구성 때문에 언급할 만한 가치가 있다. 이 신전이 위치한 포로 로마노는 서기 16세기까지 서서히 붕괴되지만 전반적으로는 온전한 상태로 유지된다. 그러다가 르네상스 시대에 파손 행위가 자행되면서 교양 없는 기독교인들이 교회 건물, 특히 새로운 바티칸 궁전의 자재로 사용하기 위해 상당 부분을 허물어뜨린다. 하지만 이 신전의 기둥은 이를 무너뜨리려는 온갖 시도를 견뎌낸다. 물론 상단에는 작업부들이 기둥을 무너뜨리려할 때 이용한 굵은 철제 밧줄 때문에 깊은 상처가 나게 된다.

안토니누스가 준공한 또 다른 신전은 비너스와 로마 신전으로 이 신전은 콜로세움과 포룸 사이에 놓인 벨리아 언덕의 불룩 솟은 부분에 서 있다. 이 신전을 짓기 시작한 것은 하드리아누스 황제로 그는 이 신전 건설 도중 자신이 임명한 건축가 아폴로도로스와 사이가 틀어지고 만다. 아폴로도로스는 켈라가 동상을 놓기에 너무 작다고 불만을 표했고 그 부분을 직접 설계한 하드리아누스 황제는 기분이 너무 상한 나머지 아폴로도로스를 처형하라고 명령한다. 신전의 켈라는 열주랑에 의해 둘러싸여 있는데 여신 로마를 모신 곳은 포룸과 마주하고 있으며 비너스를 모신 곳은 콜로세움을 향하고 있다. 한편 이 신전을 건설하기 위해 콜로세움의 거대한 조각상을 다른 곳으로 옮겨야 했는데 이 작업을 위해 코끼리를 스물여섯 마리나 동원해야 했다.

마지막으로 보아리움 포룸에서 잠시 헤라클레스를 기리는 원형 신전(비슷한 외관 때문에 종종 베스타 신전으로 오해 받곤 한다)과 그 옆에 위치한 포르투누스 신전을 살펴보자. 헤라클레스 신전 바깥에 놓인 제단은 헤라클레스의 남성다운 이미지에 걸맞게 아우구스투스 황제가 평화의 제단, 아라 파키스를 건설하기 전까지(캄푸스 마르티우스는 253페이지 참조) 수년 동안 로마에서 가장 큰 제단이었다.

신전들을 빠르게 순례하는 과정에서 십 여 개의 기타 흥미로운 신전을 건너뛰었다. 포룸의 남서쪽에는 유피테르의 아들, 카르토르와 폴룩스에게 헌정된 신전(친숙하게 '카르토르의 신전'이라 불린다)이 있다. 아벤티노 언덕에는 유명한 디아나 사원이 있으며 반대 방향으로 캄푸스 마르티우스의 모퉁이에는 로마의 가장 놀라운 건축물 중 하나인 판테온 신전이 위치한다.

로마 속으로 한발 더

베스타 처녀들은 여섯 살에서 열 살 사이에 선택된다. 로마의 사제는 다른 이들처럼 선거에 출마한다(하지만 황제가 승자를 미리 선언할 수 있다).

농사는 원래 로마의 부의 원천이었기 때문에 사투르누스 신전은 로마의 금고, 디 에라리움 포풀리 로마니the Aerarium Popili Romani(로마 시민의 국고-옮긴이)로서의 역할도 담당한다.

카르토르와 폴룩스 신전은 웅변가들이 애용하는 곳으로, 그들은 이 신전의 계단에 서서 대중을 향해 열변을 토한다.

판테온

판테온은 하드리아누스 황제의 거대한 묘 너머로 강이 내려다보는 곳에 위치하며 이보다 약간 작지만 상당히 인상적인 아우구스투스 황제와 그 가족의 영묘(마우솔레움) 옆에 위치한다. 판테온은 거대한 돔 덕분에 멀리서도 쉽게 눈에 띈다. 이 돔을 지지하기 위해 두께가 6미터에 달하는 벽이 필요하나. 하지만 이 돔은 거대한 규모에도 불구하고 균형이 아주 정확해 거대한 구를 그 아래 올려놓으면 구가 정확히 맞아 떨어질 것이다. 바닥에서 돔의 가장 높은 곳까지의 거리가 돔의 지름과 정확히 일치하기 때문이다.

돔을 포함한 이 신전은 서기 2세기 초 하드리아누스가 재건한 것이다. 올림피아의 모든 신에게 헌정된 것으로 각 신의 동상이 벽감 안에 들어 있다(그리스어로 '판pan'은 '모든'을, '테온theon'은 '신'을 의미한다).

높이 12미터에 무게가 60톤이나 나가는 그리스 양식의 화강암 기둥들로 이루어진 정면을 지나 청동 문으로 들어가면 신전 내부와 만난다. 내부는 돔 상단에 뚫린 너비 8.8미터의 원형 개구부를 통해 빛이 쏟아져 들어와 신을 모신 우울한 켈라와는 전혀 다른 분위기를 자아낸다. 이 분위기는 태양의 위치가 변하면서 계속해서 바뀐다. 돔을 구성하는 격자천장의 동심원 단이 그 무게를 줄이기 위해 일부가 움푹 꺼진 것을 잘 보아라. 또한 공간감과 규모감이 느껴지도록 각 단을 점차 작게 만든 것도 주의 깊게 살펴보기 바란다.

판테온은 화려한 대리석 바닥, 서로 조화를 이루는 기둥과 벽감, 내부 열주, 풍부한 빛과 색상이 합쳐져 변치 않는 매력을 자아낸다. 수 천 년 동안 지속될 건축적, 미적 역작tour de force인 것이다.

로마 속으로 한발 더

지름이 42미터가 넘는 판테온은 이 세상에 가장 큰 석조 돔이다. 현대 로마의 성 베드로 신전보다 61센티미터가 넓고 피렌체 성당보다 1.5미터가 넓으며 런던의 성 바울 성당보다 거의 9.7미터가 넓다.

종교 행사

대부분의 로마 가정이나 여관에는 문 근처에 달력이 놓여 있다. 다음 주 계획을 세울 때 유용하기 때문이다. 검은 색과 흰색으로 표시된 것은 달력 주인에게만 중요한 날로 별점에 따라 자신에게 운이 좋고 나쁜 날을 의미한다. F(파스투스^{fastus})나 C(코미티알리스^{comitialis})로 표시한 날은 일하는 날과 공공 집회가 열리는 날, 평일을 의미한다. N은 네파투스^{nefatus}로 공적인 업무가 이루어지지 않는 날이며, EN은 공적인 업무가 오후에만 진행되는 날이다. 반면 NP는 완전히 문을 닫는 주요 공휴일이다. 농신제 같은 일부 NP행사는 정해진 날에 진행되지만 부활절 같이 날짜가 고정되어 있지 않은 축제도 있다.

평일(보통 A부터 H로 표시되어 있다)과 장이 서는 날을 제외하고 로마력에서 각 달의 구분은 다음과 같다. 칼렌드(유노를 기리는 1일), 노네스(7일 경), 이데스(유피테르를 기리는 13일이나 15일)다.

로마의 일 년은 축제로 가득하다. 아무도 기억하지 못하는 신을 기리기 위한 것으로 잘 알려지지 않은 사원에서 사제가 의식을 치른다. 하지만 상당히 공적인 축제도 있으며 방문객은 이를 놓칠 수 없을 뿐만 아니라 많은 방문객이 사실 이를 즐기기 위해 로마를 찾는다.

1월 1월 1일은 기이하게도 근무일이다. 로마에서 새해는 3월 1일에 시작되기 때문이다. 로마인들은 필요 이상으로 변화를 추구하지 않는다. 하지만 이 날, 새로운 집정관은 수행단을 거느린 채 사크라 가도를 따라 캐피톨로 향한다. 이들은 유피테르에게 흰색 소를 바치며 로마의 안전을 기원한 뒤 상아로 만든 의자에 앉아 사람들을 맞이한다. 1월 초에는 지친 영혼을 달래는 축제, 콤피탈리아가 3일 간 이어지기도 한다. 연극과 춤, 스포츠가 어우러진 이 날에는 노예들이 쉬기 때문에 로마 시민들은 스스로 업무를 봐야 한다.

2월 2월은 정화의 달로 파렌탈리아 주간에는 죽은 부모를 기린다. 사원은 문을 닫고 결혼식도 진행되지 않는다. 사람들은 와인과 우유를 준비한 뒤 삼삼오오 묘지에 모여 망자와 음식을 나눈다. 이 축제는 대가족이 모두 모여 푸짐하고 맛있는 식사를 하는 것으로 끝이 난다. 파렌탈리아는 루페르칼리아와 겹친다. 너무 오래된 의식이라 아무도 왜 기리는지 알지 못하는 축제다. 이때에는 귀족 출신 젊은이로 이루어진 두 팀이 팔라티노 언덕의 작은 동굴에서 염소와 개를 제물로 바친다. 그러고 난 뒤 희생된 염소의 가죽만을 걸친 채 언덕을 내

달려 포룸으로 향한다. 그들은 가는 길에 마주치는 사람들에게 염소 가죽의 작은 조각을 휘두르는데, 그들이 마주치는 사람들은 대부분 젊은 여성이므로 채찍이 몸에 닿을 경우 다산을 보장받는다고 여겨진다.

3월 3월에는 그 이름이 탄생한 마르스를 기리기 위한 행사가 이루어진다. 이때에는 기이한 옷차림을 한 젊은이들로 이루어진 극단 살리이^{salii}가 이상한 방패를 들고 로마인들조차 이해할 수 없는 노래를 흥얼거리며 마을을 돌아다닌다. 이 의식은 로마보다도 역사가 깊으며 이 젊은이들은 천 년 전 병사들이 걸친 청동 전투복을 입는다. 그들은 노래를 부른 대가로 매일 밤 성대한 만찬을 대접받아 '살리이에게 적합한'이라는 문구는 특별히 호화로운 식사를 묘사할 때 사용된다.

4월 4월은 만개의 달이다('열다'라는 뜻의 라틴어 아페리오^{aperio}에서 왔다). 4월 4일에는 마그나 마테르(위대한 어머니-아시아 문화)를 기리는 연회가 열린다. 도시 전체에서 모닥불을 피워 베스타 처녀들이 준비한 특수 혼합물을 태우는 파릴리아도 4월에 열린다. 축제를 즐기는 이들은 월계수 나뭇가지로 자신의 몸에 물을 뿌린 뒤 화염 위로 세 번 뛰어오른다. 그리고 난 뒤 모두가 실외에서 열리는 만찬에 참석한다. 폴로랄리아(꽃의 여신 '플로라'를 찬양하는 화신제 — 옮긴이)는 4월 28일과 5월 3일 사이에 열리며 한 주 내내 개화와 풍요를 기원하는 경기와 서커스가 이어진다. 너도나도 성에 대한 갈증을 해소하는 시기라 이때 잠자리를 갖지 못하는 사람은 정말로 매력이 없는 사람이나 동성애자로 취급받는다.

5월 5월에는 봄 추수에 대한 걱정으로 모든 농장과 마을에서 '정화제'를 올린다. 사람들은 마을 경계나 농작물 주위로 행진을 한 뒤 농사의 여신 세레스에게 제물을 바친다. 5월에는 당국이 필요하다고 생각할 경우 로마 인구 조사가 이루어질 수도 있다.

6월 6월 9일은 베스탈리아로 기혼 여성이 베스타 신전의 금지 영역에 들어가 제물을 바칠 수 있는 날이다. 6월은 베스타 처녀들이 6월 15일, 그들의 안식처를 청소할 때까지 운이 좋지 않다고 여겨지지만 그럼에도 불구하고 6월 13일에는 미네르바 신전에서 음주 파티가 열린다. 6월 24일에는 노예와 수감자를 포함한 모든 이들이 포르투나 여신에게 희생제를 올린다. 이때에는 바티칸 지역 근처에서 거행되는 의식을 보는 한편 새로운 와인을 시음하기 위해 모두가 로마로 몰려온다. 오비디오스는 이날만큼은 집에서 술에 취해 나뒹굴어도 부끄러워할 필요가 없다고 말했다.

7월 7월 6일부터 13일까지 열리는 아폴로 경기에서는 스포츠와 음악, 연극 등을 관람할 수 있는데, 이것 외에 7월은 조용한 달이다.

8월 8월 초에는 수많은 사업가가 헤라클레스에게 제물을 바친다. 그들이 바치는 동물의 수는 그들의 부에 달려 있는데 아무도 가난하게 보이기를 원치 않는다. 헤라클레스에게 바치는 제물은 사원 안에서 그 즉시 소비되어야 하므로 이때에는 스테이크가 주가 되는 근사한 저녁식사가 공짜로 제공된다. 13일은 아벤티노 언덕에서 디아나를 숭배하는 날로 노예가 쉬는 또 다른 날이기도 하다. 이유는 잘 알려져 있지 않지만 여성들은 이 날 머리를 감아야 한다. 8월 21일에는 고대 신, 콘수스를 기리는 축제가 열린다. 한 때 전차 경주가 그의 신전 주위에서 열리곤 했다. 이제 전차 경주는 키르쿠스 막시무스에서 열리며 신전은 경기장의 중앙 장벽에 위치한다. 이 축제는 여전히 열리지만 전차 경주는 축제가 끝난 뒤 열린다.

9월 9월에는 5일부터 19일까지 루디 로마니 경기 때문에 다른 사건이 전부 뒤로 밀려난다. 9월 13일에는 유피테르 신전 벽에 의례적으로 못을 박는데 이 못의 수를 세는 것이 관광객들 사이에서 인기가 있다. 못의 수는 현재 700개가 넘는다.

10월 10월에는 '시월의 말' 축제가 열린다. 키르쿠스 막시무스에서 열리는 치열한 말 경기로 마을마다 각기 다른 말을 열렬히 응원한다. 승리를 거머쥔 말 중 하나가 제물로 바쳐지는데, 베스타 처녀들은 희생된 말의 피를 신성한 축제 때 이용한다.

신전 밖에서 희생제가 열리는 모습. 의
례를 담당하는 사제가 자신의 머리를
토가의 일부로 가리고 있는 것을 보자.
배경에 보이는 황소는 상당히 커보이
므로 훌륭한 고기 만찬을 기대하며 주
위를 서성거려 볼 만하다.

11월 루디 플레베이 경기가 열리는 가운데 캐피톨에서 출발해
포룸을 거쳐 키르쿠스로 향하는 유명한 행진이 거행된다. 11월 13일
에는 거대한 귀족 만찬이 열리는데, 이때에는 마을 밖에서 고위직 인
물을 찾아볼 수가 없다. 누가, 누구와, 어디에서 식사를 하는지에 따
라 그 사람의 다음 해 사회 계급이 결정된다.

12월 12월은 여성만이 참석하는 보나 데아(다산의 여신) 축제
에서 시작해 농신제에서 끝이 난다. 농신제는 포룸에서 열리는 공공
만찬으로 시작되는데, 여기에는 모두가 참석할 수 있다. 가게는 문을

닫고 사람들은 선물을 주고받는다. 거리에서는 경기나 파티, 공개 도
박(보통 불법이다)이 열린다. 사람들은 공식적인 의복을 집어던지고
파티의상을 입으며 화려한 모자를 쓰기도 한다. 모든 가정은 행사를
주관할 인물을 선정하는데, 이 날은 주인이 노예의 시중을 든다.

로마 속으로 한발 더

2월은 정화 방법을 뜻하는 페브루움februum에서 유래했다.

5월에 결혼할 경우 상당히 불운하다고 여겨진다.

'정화제'는 2천년이 지난 뒤에도 '경계선 확인 의식Beating the
Bounds'라는 이름으로 영국에서 여전히 시행되고 있다.

4월 1일, 여성들은 보통 때에는 남성들만 이용할 수 있는 공중
목욕장에서 목욕을 한 뒤 포르투나 비릴리스에게 연애운을 빈다.

로마의 '시월의 말'과 비슷한 행사(단 희생제는 치르지 않는다)
가 21세기 이탈리아 시에나에서 팔리오Palio라는 축제 때 열린다.

로물루스가 통치하던 시대에는 콘수스 축제 당시 사빈족 여성
을 강간하는 일이 벌어졌다.

포로 로마노, 티투스 개선문,
황제의 포룸, 개선 기둥, ━━
성 베드로 무덤, 공중목욕장

세계의 수도 로마는 수많은 방문객에게 각각 다른 모습으로 다가간다. 누군가는 사업이나 정치적으로 중요한 사람들을 만나기 위해, 다른 누군가는 로마의 수많은 신을 모시는 주요 사원을 방문하기 위해 로마를 찾는다. 정부 업무 차 로마에 오는 사람도 있을 테고 그저 전설적인 도시를 보고 싶어서 방문하는 사람도 많다. 이 방문객들은 무엇을 하고 무엇을 볼지 저마다 다른 생각을 할 것이다. 하지만 로마를 처음 방문한 사람이라면 반드시 봐야 할 것들이 있다.

포로 로마노

온갖 종류의 사람을 쉽게 만날 수 있는 곳을 보여주겠다. 포악한 사람이든, 선한 사람이든, 예의바른 사람이든, 그렇지 않은 사람이든 당신이 원하는 사람을 누구라도 당장 만날 수 있을 것이다.
– 플라우투스,《바구미》467

포로 로마노는 팔라티노 언덕과 퀴리날레 언덕, 비미날레 언덕 사이로, 에스퀼리노 언덕 위에 자리 잡고 있다. 원래 이 언덕들 사이에는 질퍽한 습지가 있었는데, 이곳을 배수시킨 후부터 포로 로마노는 그저 단순히 '포룸'이라고 불릴 만큼 도시 삶의 중심지가 되었다. 포룸은 플라우투스 시대 이후로 모습이 바뀌었는데 공화국이 몰락한 이후 수많은 황제가 성장하는 도시의 수요에 맞춰 다른 포룸들을 건설하면서 그 중요성이 다소 줄어들었다. 그 럼에도 불구하고 포로 로마노는 여전히 친구 들을 만나고 최근 가십거리를 주고받으며 이 야기꾼의 즉흥 공연을 관람하거나 변호사가 변호하는 모습을 볼 수 있는 장소다. 포룸을 방문하지 않고서는 로마를 제대로 봤다고 할 수 없다. 로마 역사의 상당부분이 이 작은 계

(변호사 트라칼루스가) 처음으로 율리우스 공회당의 재판장에 모습을 드러내던 때가 기억난다. 평소 때처럼 판사 네 명이 자리했으며 건물은 소음으로 가득했다.
···› 퀸틸리아누스,《웅변교수론》
10.1.119

곡에서 발생했기 때문이다. 원로원 집회실 앞에 서 있는 것은 타르퀴니우스, 칭친나투스, 대ᵗ 카토, 율리우스 카이사르, 키케로, 네로를 비롯한 기타 주요 인물들이 지난 800년의 어느 시점엔가 서 있었던 곳에 서 있는 것과 같다.

로마의 유명한 하수관 클로아카 막시마(대하수도 — 옮긴이)는 포룸에서 이루어진 최초의 주요 건설 프로젝트였다. 여러 면에서 이 하수관은 큰 역할을 했다. 계곡을 메우던 습지에서 물을 빼내어 건축물을 세울 수 있는 기반을 다져줬기 때문이다. 당시는 에트루리아 왕들이 집권하던 시기였고 그 때 이후로 포룸 건설은 계속되었다. 가장 최근에 건설된 구조물은 세베루스 개선문으로 돌이 아직 변색되지 않았을 정도로 새 건물이다.

세베루스 개선문은 한 때 그레고스타시스(성지 집회 장소인 코미티움의 연단 — 옮긴이)가 놓여 있던 곳에 위치하고 있다. 외국 사신들이 원로원 앞에 소환되기를 기다리던 원로원 의사당 바로 바깥 지역이다. 이 곳에서 사신들은 포룸과 캐피톨, 팔라티노 언덕을 내려다보며 로마

의 영광에 감탄했으며 겸손하고 예의바른 자세로 원로원 의원들을 만날 수 있었다.

세베루스 개선문은 세베루스 황제가 아시아에서 파르티아 제국을 상대로 거머쥔 승리를 기념하기 위해 세워졌다. 온통 대리석으로 감싼 세 개의 아치 천장에는 전리품으로 가득 찬 수레, 제국의 무적함대, 겸손한 파르티아의 거대한 그림이 새겨져 있다. 아치 상단에는 개선차를 탄 채 기수들을 옆에 끼고 있는 셉티미우스 세베루스의 청동 조각상이 세워져 있다. 새김글에는 황제의 업적이 주로 담겨 있지만 끝부분에는 자랑스럽게 S.P.Q.R. 세나투스 포풀루스쿠페 로마누스^{Senatus} ^{Populusque Romanus} 라고 쓰여 있다. '로마 원로원과 시민들'이라는 뜻이다.

아벤티노 언덕을 바라보며 아치 앞에 서면 오른편으로 사투르누스 신전이, 그 바로 뒤로는 베스파시아누스 신전이, 그 인근에는 고대 콩코르디아 신전이 보인다. 다양한 사회 계층의 조화를 꾀하기 위해 지어진 콩코르디아 신전은 보통 무시되다가 사회적 대변동이 있을 때마다 화려하게 재건되고 보수되었다. 여기에서 몇 걸음만 걸어가면 불카누스의 재단 바로 앞으로 상부가 덮인 작은 벽, 움빌리쿠스 우르비스 로마^{umbilicus urbis Romae}가 보인다. 이 벽은 말 그대로 '로마의 배꼽'으로 인류의 1/5을 차지하는 로마제국의 중심지다(이 지역은 주요 관광 지역이므로 때로는 인류의 1/5 중 상당수가 여러분과 포룸을 공유하려는 것처럼 보인다).

이 벽 왼쪽으로는 위용 있는 청동문이 달린 로마의 원로원 의사당, 쿠리아가 서 있다. 원로원 회의가 소집될 때마다 젊은이들 한 무

꼭 가야할 곳

리가 이 문 주위로 삼삼오오 모여 들고 스승이 그들의 근처를 배회한다. 이 젊은이들은 원로원 의원들의 아들이다. 그들이 회의 내용을 듣는 것은 유서 깊은 특권으로 훗날 이 대리석 의자에서 아버지의 자리를 대신하게 될 때 원로원의 관습에 익숙해지기 위해서다.

그것들(포획된 카르타고 선박)은 로마 항구로 끌려갔으며 일부는 불에 탔다. 선박의 뱃머리('로스트라')로 살짝 솟은 연단을 장식하자는 데 의견이 일치했으며 이곳을 로스트라라 부르게 되었다.

⋯→ 리비우스, 《로마사》 8.14

원로원 앞에는 연단rostra의 유래가 된 로스트라가 놓이곤 했는데, 대★ 카토 같은 연사는 이 로스트라에서 로마 시민들을 향해 열변을 토했으며 기원전 1세기 초, 정치 투쟁과 내전이 발생할 당시 창에 꽂힌 유명한 원로원 의원들의 머리가 이곳에 전시되기도 했다. 로스트라는 현재 세베루스 개선문 바로 앞으로 옮겨져 팔라티노 언덕을 옆에 끼고 불카누스 제단과 율리우스 공회당(바실리카 율리아) 사이에 자리 잡고 있다.

새로운 세베루스 개선문 바로 옆에는 작은 기념비가 세워져 있는데, 너무 오래되어 일부는 지하에 묻혀 있다. 검은 돌(라피스 니제르lapis niger)로 만든 뭉툭한 기둥에는 라틴어가 새겨져 있지만 이는 현대 로마인들이 해석할 수 없는 고내어나. 선설에 의하면 이 자리는 로마를 건설한 로물루스가 하늘로 간 장소라고 한다(혹은 원로원 의원들의 손에 의해 살해당한 곳이라고 한다. 당시에 의원들은 토가 아래로 그의 사체를 조금씩 숨겼다고 한다. 로물루스의 의문스러운 실종

팔라티노 언덕에서 바라본 포로 로마노. 뒤쪽으로 카피톨리노 언덕이 보인다.

에 대해서는 두 가지 전설이 존재한다).

　　이제 라쿠스 쿠르티우스^{Lacus Curtius}를 지나기 위해 사크라 가도를 가득 매운 행인들의 무리에 합류해 보자. 라쿠스 쿠르티우스는 말 탄 기수의 동상이다. 전설에 따르면 왕이 통치하던 시절 포룸에 커다란 구멍이 뚫렸다고 한다. 이는 파멸의 전조로 여겨졌다. 하지만 쿠르티우스라는 젊은이가 군마를 탄 채 구멍을 향해 뛰어들었고 그가 들어간 뒤 구멍이 닫힘으로써 그는 로마를 구했다고 한다. 자신들의 역사를 잘 알고 있는 로마인이라면 유피테르가 계속해서 번개를 내리침으로써 이곳이 자신의 소유임을 주장하자 쿠르티우스 집정관이 기원전 5세기에 이곳에 울타리를 쳤다는 사실을 조용히 언급할 것이다. 플라우투스의 말에 따르면 이곳을 서성거리기를 좋아하는 사람은……

…신중하지 못하며 심술궂은 떠버리다. 이들은 아무 이유 없이 뻔뻔하게 다른 이를 비방한다. 사실 그들 자신에 관한 비방거리가 훨씬 더 많은데도 말이다.

    – 플라우투스,《바구미》476

포룸 한 가운데 놓인 도미티아누스 황제의 기마상에서 내려다보면 포룸이 아직까지 주요 행정지로 남아 있는 것이 확실해진다. 이 조각상 뒤로 왼편으로는 율리우스 공화당에서 떠들썩한 재판이 열리고 오른편으로는 아이밀리우스 공회당(바실리카 아이밀리아)이 보인다.
    이곳에서 서성거리는 무리가 보이거든 플라우투스의 말이 여전히 유효한지 살펴보기 바란다.

거짓말쟁이와 허풍쟁이를 원하거든 (아이밀리우스 공회당 앞에 위치한) 클로아치나 사원으로 향해라. 낭비벽이 있는 부자 남편을 원하거든 공회당 주위를 살펴보아라. 지친 매춘부와 이들을 대상으로 습관적으로 가격을 흥정하려는 남자들도 볼 수 있을 것이다.

    – 플라우투스,《바구미》470

비쿠스 투스쿠스(에트루리아 거리 혹은 토스카나 거리－옮긴이)로 이어지는 교차로에서 길은 카스토르와 폴룩스 신전(플라우투스는 '카스

비너스와 로마 신전이 그려진 동전

토르 신전 뒤로 가면 당신을 빠르게 안락사 시켜줄 수 있는 사람과 마주칠 것이다.'라고 경고한다)을 지나 팔라티노 언덕에 위치한 황제의 거처를 향해 뻗어 있다.

이 교차로에는 공화정 시절 폰티펙스 막시무스의 거처인 레기아가 있다. 한 때 율리우스 카이사르가 이곳에 거주하기도 했다. 폰티펙스 막시무스는 베스타 처녀들을 관장하는데, 이 처녀들의 사원과 숙소는 레기아 바로 뒤로 팔라티노 언덕 쪽에 위치한다. 왼쪽으로는 안토니누스와 파우스티나 신전을 비롯해 그보다 작은 로물루스 신전이 있으며, 로물루스는 그가 세운 도시보다 앞서 세워진 묘지들 사이에 묻혀 있다.

이제 앞쪽으로는 포로 로마노가 보이고 인상적인 비너스와 로마 신전이 경관을 압도하는 가운데 그 뒤로 콜로세움이 보일 것이다.

티투스 개선문

티투스 개선문은 포룸과 콜로세움 사이에 위치하며 이 개선문 아래로 지나가는 길은 포룸과 콜로세움을 오가는 사람들로 가득하다. 하지만 이 인파 한 가운데에 서서 도시 곳곳에 흩어져 있는 20여개 남짓한 개선문을 살펴

로마의 원로원과 시민은
이 아치를 신으로 추앙받는
베스파시아누스의 아들이자
역시 신격화된 티투스
베스파시아누스 아우구스투스
에게 바친다.

티투스 개선문에 붙은 설명문

보는 건 의미 있는 일이다. 개선문들은 로마 건축 양식으로 지어졌으며 각 개선문은 특정 군사 업적을 기리기 위해 세워졌다. 티투스 개선문은 서기 70년 유대인 반란을 진압한 것을 기념하기 위해 세워졌다.

티투스는 이 임무의 후반부만을 지휘했는데, 그의 아버지 베스파시아누스 황제가 로마 제국의 나머지 지역을 정복하는 동안 이 임무를 그에게 맡겼기 때문이었다. 로마 제국은 네로 황제가 사망한 이후 혼란에 휩싸인 상태였다. 이 개선문은 티투스의 성공적인 첫 지휘를 기리는 한편 그를 추억하기 위한 것으로 그의 동생 도미티아누스가 티투스의 사후에 완공했다. 아치 내부의 부조에는 티투스의 개선 행렬 당시 전시된 전리품이 묘사되어 있다. 예루살렘 사원에서 가져온 나뭇가지가 일곱 개 달린 촛대와 은 트럼펫도 그 중 하나다. 전면에 장식된 그림을 보면 티투스는 개선차를 타고 있으며 날개가 달린 승리의 여신상이 그에게 화관을 씌워주고 있고 여전사처럼 입은 여신 로마가 말을 이끌고 있다. 아치 내부 상단을 장식하는 이 양각과

꽃무늬는 생생한 데다 일부는 도금되어 있어 조각을 비추는 태양빛과 그림자에 맞춰 흡사 춤추는 것처럼 보인다.

　티투스는 위대한 공화국을 다스리는 황제의 권력을 보여주려는 듯 자신의 기념비를 꼼꼼하게 배치해 개선문을 향해 다가오는 관중들이 개선문 사이로 쿠리아를 비롯한 포룸의 주요 건물들을 볼 수 있도록 했다.

로마 속으로 한발 더

티투스 개선문의 깨끗하고 옅은 선에 훗날 프랑스인들은 크게 감탄했고 티투스 개선문은 결국 파리 개선문의 모델이 되었다. 티투스가 달성한 주요 업적은 예루살렘 사원을 파괴하고 난공불락의 마사다 요새를 포위한 것이다.

황제의 포룸

　율리우스 카이사르가 집권한 이후로 도시 어딘가에 포룸을 건설하지 않고 도시를 지배할 수 있는 황제는 없어 보인다. 유명한 포로 로마노뿐만 아니라 퀴리날레 언덕과 비미날레 언덕 사이에도 이러한 포룸이 한 가득이다.

　　　　　　　　　　　　　　　　　　　　　　꼭 가야할 곳

카이사르의 포룸 건설은 기원전 50년대 후반에 시작되었는데 건설을 시작하기도 전에 엄청난 비용이 들었다. 카이사르는 11,705 제곱미터에 달하는 값비싼 사택을 매입해 철거해야 했기 때문이다. 주위로 열주가 쭉 뻗어 있는 길쭉한 사각형 포룸의 한쪽 끝에는 카이사르가 비너스 제네트릭스에게 바치는 신전이 자리 잡고 있다. 그의 가족이 아이네이아스의 어머니, 비너스를 통해 신성한 혈통을 얻었다는 것을 확실히 상기시켜주는 신전이다. 화려하게 장식된 신전의 천장 아래로 카이사르의 흠잡을 데 없는 심미주의적 취향을 반영하듯 호화로운 예술품들이 곳곳에 놓여 있다.

> 카이사르는 파르살루스 전투를 치르기 전에 맹세한 대로 비너스 제네트릭스 신전을 건설했다. …여신 옆에는 클레오파트라의 아름다운 조각상을 놓았는데 이 조각상은 오늘날까지도 그대로 서 있다.
> ⟶ 아피우스, 《내전기》 2.102

> 우리의 고상한 건물 중… 아우구스투스의 포룸을 언급하면 안 될까?
> ⟶ 플리니우스, 《박물지》 36.102

이곳, 포룸이 위치한 곳은
깊은 습지였다.
강에서 흘러나오는
물이 가득하던 배수로였다.
  - 오비디우스, 《달력》 6.401-2

이곳에는 군복을 입은 카이사르의 멋진 대리석 조각상뿐만 아니라 카이사르의 옛 애인인 이집트 클레오파트라의 금박 조각상도서 있다. 사실 이곳에 서 있는 클레오파트라 조각상은 그리스인의 이목구비와 커다란 코를 지닌 여성의 모습이다. 클레오파트라의 매력이 외모가 다는 아니었던 것이다.

이 포룸에서 가장 근사한 곳은 분수일 것이다. 뜨거운 여름 날, 관광객들은 느긋하게 누운 채 시원한 물줄기를 맞으며 가벼운 옷차림의 님프로 장식된 신新 아티카파 양식의 곡선에 감탄할 것이다.

카이사르의 신전은 비너스에게 바치는 것이었으나 그가 입양한 아우구스투스는 마르스 울토르, 즉 복수의 마르스에게 바치는 신전을 지었다. 아우구스투스를 지키는 신은 아폴로였지만(이 신전에는 상아로 만든 아폴로 조각상도 있다) 아우구스투스는 자신이 암살당한 카이사르를 위해 복수했다는 점을 강조하고 싶어 했으며 그 과정에서 부수적으로 절대 권력을 거머쥐기도 했다.

이 신전을 지키는 사제는 이 포룸의 흥미로운 점 두 가지를 언급한다. 하나는 아우구스투스가 수부라 지역에 위치한 거대한 방화벽으로 이 신전을 비롯해 포로 로마노의 상당 부분을 지켰다는 점이다(아우구스투스의 포룸은 카이사르의 포룸과 수부라 사이에 위치하며 방화벽은 인구밀집 지역의 소음을 차단하는 역할도 한다). 둘째, 이 포룸은 정확한 직사각형이 아니다. 모퉁이에 위치한 집들 중에서 한 집의 소유주가 집을 팔기를 거부했지만 공화주의 개념을 강화하고자 했던 아우구스투스는 문제가 되는 집을 몰수하지 않기로 했던 것이다.

이곳에서는 포룸에 전시된 율리우스 카이사르의 검을 얼빠지듯 바라보는 무리들을 볼 수 있으며, 수많은 조각상과 예술작품 속에서 유명한 고대 화가인 아펠레스의 그림 두 점도 찾아볼 수 있다.

가장 동쪽에 위치한 베스파시아누스 신전은 사크라 가도와 아주 가까운 곳에 위치하고 있다. 이 신전은 평화의 포룸이라고도 불리는데, 거대한 평화의 신전이 이곳의 가장 큰 특징이기 때문이다. 이 포룸은 특히 유대인 역사가의 흥미를 사로잡는다. 이곳은 서기 70년 유대인 반란이 일어난 후 유대에서 약탈한 유물과 보물로 가득 찬 박물관이기 때문이다.

그 옆에 위치한 네르바 포룸은 도미티아누스라는 인기 없는 황제가 암살되지만 않았더라도 그의 포룸이 되었을 것이다. 도미티아누스의 후계자는 도미티아누스가 가장 아끼는 신, 미네르바의 신전을 바꿈으로써 신의 분노를 살 만한 위험을 감수하고 싶지 않았기에 신전은 처음 모습 그대로 유지되었다. 코린트 양식으로 지은 아름다운 건물이다. 포룸의 고요한 분위기는 퀴리날레 언덕에서 포로 로마노로 향하는 행렬들 때문에 완전히 깨지고 만다. 이 두 곳을 잇는 주요 도로가 이 포룸의 앞뜰을 곧바로 가로지르기 때문이다.

퀴리날레 언덕 하부에는 황제들의 포룸 중 가장 북쪽에 위치하며 가장 거대한 데다 가장 혼잡한 포룸이 자리 잡고 있다. 바로 트라야누스의 포룸으로 이 포룸은 그가 총애하는 건축가 아폴로도로스가 설계했다(하드리아누스 황제의 손에 놓인 이 불쌍한 남자의 운명에 대해서는 이전 장을 참고하기 바란다). 그는 퀴리날레 언덕의 경사면을 깊숙이 깎아 거대한(298미터, 85미터) 행정 및 상업 건물을 구축했다. 이 포럼은 북적거리는 인근 수부라 지역의 수요를 충족시키는 시장(쇼핑은 131페이지 참고)으로 일부 이용되고 있으며 다른 일부는 법원, 또 다른 일부는 도서관으로 이용되고 있다. 다층으로 이루어진 도서관 건물은 타불라리움 다음으로 중요한 국가 기록 보관소로 그 아래 위치한 포럼의 번잡한 분위기에서 벗어나 휴식을 취할 수 있는 한적하고 시원한 장소다. 한 도서관 건물은 그리스 문서를, 다른 도서관 건물은 라틴어 문서를 소장하고 있으며, 책과 두루마리는 벽감 속 나무장 안에 조심스럽게 보관되어 있다. 도서관 뒤로는 거대한 트라야누스 신전이 서 있는데, 로마 제국의 날로 높아지는 권력과 자원을 보여주듯 상당히 장엄한 모습이다.

로마 속으로 한발 더

세베루스가 개선문을 건설한 이유 중 하나는 승리를 자축할 수 없었기 때문이다. 그는 통풍으로 불구가 된 다리 때문에 전차에 서 있을 수 없었다.

카이사르는 12월 보나 데아 축제 때 클로디우스라는 젊은이가 자신의 아내 레기아에게 몰래 접근해 그녀를 유혹하려 한 것 같다며 아내와 이혼을 했다.

권력을 획득한 마르쿠스 안토니우스는 키케로의 독설에 찬 공격을 복수하기 위해 그를 처형했으며 그의 머리와 글 쓰는 손을 로스트라에 전시해 놓았다.

꼭 가야할 곳

개선 기둥

트라야누스의 기둥. 트라야누스의 포럼은 거대한 기둥으로 장식되어 있다. 관광객 무리에 합류하기 전, 이 기둥을 받치고 있는 석조 주추 앞에 잠시 멈춰서 경의를 표해보자. 이 기둥은 사실 장례 표지물이기 때문이다. 기단 북쪽에 위치한 작은 묘실에는 트라야누스의 시신을 태운 재가 안치되어 있으며 포럼 상단은 그의 조각상으로 장식되어 있다(이 조각상은 중세에 갑자기 사라진 뒤 성 베드로의 조각상으로 대체된다).

나선형으로 기둥을 감싸는 200미터에 달하는 프리즈에는 트라야누스 황제의 다키아 전투담이 담겨 있다. 그리스와 로마 도서관 사이에 위치하고 있음을 상기시키듯 기둥은 펼쳐진 두루마리의 형태다. 그리스어와 로마어로 쓰인 문서에 관심이 없다 할지라도 기둥에 그려진 조각을 위층에서 내려다보기 위해 도서관을 방문하는 관광객도 있다. 이 조각에는 트라야누스의 전쟁 기록(안타깝게도 후기에 분실되었다)이 그림으로 표현되어 있는데, 전쟁의 공백기(서기 101-102, 105-106)는 방패에 적힌 승리^{Victory}라는 글자로 알 수 있다. 트라야누스는 고대의 그 어떤 기념비보다도 전쟁 당시 로마 군대에 대해 많은 것을 담고 있는 비네트(특징한 사람이나 상황 등을 분명히 보여주는 짧막한 글이나 행동 - 옮긴이)에서 포위와 협상, 전투, 도강, 기사 활동 등으로 60번 등장한다.

(트라야누스는) 자신의 포룸에 거대한 기둥을 세웠다. 자신이 묻힐 곳을 마련하는 동시에 포룸을 건설하는 데 들인 작업의 규모를 보여주기 위해서였다. 지면이 언덕져 있었기 때문에 그는 기둥 높이에 맞게 언덕을 팠다.

 - 카시우스 디오, 《로마사》 68.16

로마 속으로 한발 더

트라야누스의 기둥은 높이가 100로마 피트(96 현대 피트)이며 19개의 거대한 대리석 원기둥으로 이루어져 있다.

마르쿠스 아우렐리우스의 기둥에서 열리는 행사 중에는 제 12군단의 병사들을 구한 소나기를 기리는 축제가 있다. 적군에 둘러싸인 채로 물이 절실했던 그들은 하늘이 열리지 않자 항복하기 직전이었다.

마르쿠스 아우렐리우스의 기둥. 카피톨리노 언덕을 향해 북쪽으로 15분 정도 빠르게 걷다 보면 왼쪽으로 판테온 신전이 보이며 이곳을 지나면 트라야누스 기둥을 모방했지만 나름 살펴볼 만한 또 다른 기둥이 오른 편에 보인다. 철학자 황제 마르쿠스 아우렐리우스를 기리는 이 기둥은 서기 190년경에 세워졌다.

로마인들은 마르쿠스 아우렐리우스가 로마 최고의 황제 중 한

트라야누스의 기둥이 그려진 동전

명이라고 주장하는 한편, 최근에 암살된 사랑받지 못한 그의 아들 코모두스는 최악의 황제로 꼽는다. 사실 코모두스가 세운 이 기둥은 마르쿠스 아우렐리우스가 게르만인과 사르마티아인(흑해에 자리 잡은 승마 전사 부족)을 상대로 치른 전쟁을 기념하기 위한 것이다. 트라야누스의 기둥처럼 기둥에 새겨진 승리의 부조에 따라 기록은 두 부분으로 나뉜다.

이 기둥의 관리인인 아드라스토스의 집을 찾아가는 것으로 개선 기둥 관람을 마무리 짓자. 기둥의 기단에 새겨진 글을 보면 아드라스토스는 기둥을 세울 때 비계로 사용된 목재로 자신의 집을 짓도록 허락 받았음을 알 수 있다.

이 기둥에는 세 황제에 관한 이야기가 담겨 있다. 현 황제인 마르쿠스 아우렐리우스, 그를 계승한 아들 코모두스, 코모두스를 이은 장군 페르티낙스다.

성 베드로 무덤

로마의 북동쪽에 위치한 바티칸 언덕은 마녀가 출몰한다고 여겨질 정도로 축축하고 우울한 곳으로 언덕의 진흙을 판 뒤 이를 구워 벽돌로 만들던 노동자들이 주로 거주하던 곳이다. 이곳에 가기 위해서는 키르쿠스 네로로 향하면 된다. 칼리굴라 황제가 착공하기 시작한 이 키르쿠스는 네로 황제가 취미인 전차 경주를 위한 개인 연습장으로 사용했으며 대화재 이후 대중에게 아주 잠시 개방된 뒤 더 이상 사용되지 않고 있다.

네로 황제는 전차 경주가 아니라 로마의 상당 부분을 파괴한 대화재에 책임이 있다고 비난 받은 기독교인들을 공개 처형하기 위해 이 키르쿠스를 개방했다. 역사가 타키투스의 말에 따르면 일부 기독교인들은 동물 가죽으로 덮인 채 사나운 개에 의해 갈가리 찢겼고 다른 이들은 타르와 양초로 뒤덮인 채 그 자리에서 화형당했으며 십자가에 못 박힌 이들도 있다고 한다. 2년 후 십자가에 박힌 이들 중에는 로마의 기독교 수장인 성 베드로가 있었다. 전설에 따르면 그는 인테르 두아스 메타스^{inter duas metas}, 즉 경기장 트랙의 중앙 장벽에서 처형당했다고 한다. 그렇다면 그는 오벨리스크 옆에서 죽은 셈이었다. 훗날 이 오벨리스크는 키르쿠스에서 수백 야드 떨어진 곳으로 옮겨졌고 그 때 이후로 성인의 무덤이 내려다보이는 거대한 공회당 바로 앞에 자리하고 있다.

초기 기독교 전통을 바탕으로 한 책, 《교황 연대표(리베르 폰티

피칼리스^{Liber Pontificalis}표)》에 따르면 성 베드로는 십자가에 못 박힌 곳 근처, 즉 아우렐리아 가도와 트리움팔리스 가도 사이에 위치한 키르쿠스 네로 근처에 묻혔다고 한다. 그의 무덤은 기독교인이 소유한 땅에 위치했거나 키르쿠스로 향하는 길 바로 위에 놓여 있어 이미 시신을 처리하기 위한 곳으로 사용되고 있었다. 로마인들은 살아 있는 동안 그들이 누구였든지 망자의 무덤은 좀처럼 건드리지 않는다. 따라서 성 베드로의 무덤이 위치한 곳은 모르는 사람이 없다. 사실 이곳은 무덤이 세워진 이후로 성지가 되다시피 했다.

성 베드로의 시신은 작은 지하 납골당의 석관에 안치되어 있는데, 이곳은 그와 최대한 가까이 묻히고 싶어 하는 사람들의 무덤으로 넘쳐난다. 지금 이 매장터는 성 베드로의 전승기념비라 불린다. 그가 로마에 소개한 종교가 훗날 가져온 결과를 생각해볼 때 성 베드로의 무덤은 다소 초라한데다 눈에 띄지 않는 편이라 할 수 있다. 박공지붕이 무덤을 덮고 있으며 한쪽 벽은 쉽게 식별 가능하도록 새빨갛게 칠해져 있다. 이 벽에는 성 베드로에게 기도를 요청하는 낙서가 그려져 있어 이 무덤을 지키는 헌신적인 관리인의 입장에서 골칫거리가 되고 있다. 성 베드로의 휴식처를 훼손하면서 어떻게 그의 마음을 얻을 수 있을지 모를 일이다.

로마 속으로 한발 더

초기 기독교인들은 순교한 이들을 그들이 사망한 곳에서 최대한 가까운 곳에 묻었다. 그 결과 수많은 무덤이 키르쿠스 네로와 아주 가까운 곳에 위치하고 있다.

로마 최초의 주교와 함께 안치된 이들 중에는 그의 계승자 리노가 있다.

공중목욕장

로마 문명이 누린 최고의 혜택 중 하나는 공중목욕장이다. 야영지가 영구적이 되었다는 것을 보여주는 첫 번째 신호는 공중목욕장의 존재다. 문명의 중심지로 향할수록 공중목욕장은 거대해지고 웅장해지며 최고의 공중목욕장은 당연히 로마에 위치한다. 모든 목욕장에는 난방이 되는 탈의실(아포디테리움^{apodyterium}), 온탕(테피다리움^{tepidarium}), 열탕(칼다리움^{caldarium}), 신선한 냉탕(프리기다리움^{frigidarium})이 있다. 로마인들은 몸을 씻기 위해 목욕장을 찾지는 않는다. 그들은 오후 내내 시설을 즐기고 옛 친구와 수다를 떨며 새로운 친구를 사귀기 위해 목욕장에 간다. 철학자 세네카의 기록을 보면 이

꼭 가야할 곳

곳에서 제공되는 시설이 무엇인지 알 수 있다. 하지만 그는 이 사회적 중심지 가까이에 사는 것을 그다지 달가워하지 않았다.

소음은 당신이 귀머거리가 아니라는 사실을 안타깝게 여기게 만든다. 근육질의 남자아이들이 역기를 들어 올리며 색색거리고 끙끙거리는 소리, 안마사의 손이 그들의 어깨를 철썩 치는 소리가 들린다. 그 다음에는 공놀이를 하는 사람들이 도착해서는 큰 소리로 점수를 외치기 시작한다. 나는 보통 여기까지는 참는다. 하지만 있는 힘껏 물에 뛰어드는 사람들이 보이면 이제부터 무슨 일이 벌어질지 대충 감이 온다. 최소한 이들의 목소리 크기는 정상이다. 이들 말고도 고객들을 향해 꽥꽥대며 누군가의 겨드랑이에서 털을 뽑아 그들이 자신보다 더 큰 소리로 외칠 때까지 절대로 입을 다물지 않는 제모사들이 있다. 뿐만 아니라 술 판매인, 소시지 장수를 비롯한 온갖 행상꾼들은 자신만의 방식으로 고함을 친다.
　　－ 세네카,《루킬리우스에게 보내는 편지》56

이 고상한 시설을 기리기 위해 로마의 공중목욕장을 연대기 순으로 살펴보도록 하자.

아그리파 목욕장. 캄푸스 마르티우스에 위치한 이 목욕장은 로마에서 가장 오래된 공중목욕장이다. 기원전 25년에 운영되기 시작했지만 기원전 19년 비르고 수도가 준공되고 나서야 제 기능을 다하기 시작했다. 이 목욕장은 아그리파가 의뢰한 또 다른 건물, 판테온 신전 근처에 위치하는데, 판테온과 마찬가지로 하드리아누스에 의해 전면 개조되었다. 훗날 개조된 모습에 비해 현재 목욕장은 작은 편이며(하지만 여전히 994제곱미터에 달한다) 훗날 갖춰진 시설의 상당수가 없는 상태다. 평면은 트레브(트리어)에 훗날 지어진 훨씬 더 큰 목욕장과 비슷하다. 온탕에는 훌륭한 프레스코화가 장식되어 있으며 온갖 그림과 리시푸스(알렉산드로스 대왕의 궁정조각가—옮긴이)의 아폭시오메노스 같은 유명한 조각품을 비롯해 곳곳에 수많은 예술작품이 놓여 있다. 이 목욕장은 캄푸스 마르티우스 근처에 위치해 혼잡한 편이다. 운동이나 경기, 승마를 마친 활기 넘치는 무리들이 가장 먼저 들리는 곳이기 때문이다.

네로 목욕장. '오……. 네로보다 더 최악인 것이, 혹은 그의 목욕장보다 더 좋은 것이 무엇이 있겠는가?' 시인 마르티알리스는 네로 목욕장에서 한가로운 오후를 보낸 뒤 이렇게 한숨을 내쉬었다. 심미주의자들이 애용하는 이 목욕장은 네로의 마지막 10년 통치 기간 동안 아그리파 목욕장 인근에 건설된 것으로 이 지역 거주민들이 로마에서 가장 깨끗한 사람이 되는 데 한 몫 했다. 네로가 임명한 건축가는 아그리파의 설계안을 약간 수정해 냉탕이 북쪽 중앙에 위치하고 온탕이 냉탕과 열탕 사이에 위치하도록 했다. 이 목욕장은 건축적으로 훌륭할 뿐만 아니라 장식도 화려하다. 방문객은 중앙 홀의 동쪽과 서쪽에 놓인 거대한 주랑을 따라 걷다가 열탕의 양측에 놓인 4개의 탈의실과 휴게실 중에서 고를 수 있다. 날씨가 좋지 않을 때에도 땀을 빼고 싶은 사람을 위해 실내 체육관(이러한 기능을 담당하는 로마 최초의 영구 시설이다)도 갖춰져 있다. 훗날 건축가들이 네로의 아이디어를 채택함으로써 목욕장은 현재처럼 로마 여가의 중심지로서 자리매김하게 되었다.

티투스 목욕장. 간접적이기는 하지만 역시 네로 황제가 기여한 목욕장이다. 티투스 황제는 네로 황제가 몰락한 이후 폐허가 된 그의 거대한 황금 집에 이 목욕장을 건설했기 때문이다. 서기 81년에 준공된 이 목욕장은 콜로세움 근처에 위치하며 입장권이 1아스다. 다른 목욕장보다 작은 이 목욕장은 특히 네로 시대의 퇴폐적인 생활을 애호하는 이들이 즐겨 찾는다.

트라야누스 목욕장. 이 목욕장은 트라야누스의 포룸을 설계한 아폴로도로스의 작품이다. 서기 104년, 에스퀼리노 언덕에서 화재가 발생한 뒤 트라야누스는 네로 황제가 개인적인 용도로 설계한 수도를 공중목욕장을 위해 사용하는 편이 낫다고 생각했다. 트라야누스 포룸처럼 이 목욕장은 규모가 어마어마해 내부에 자체 정원이 있으며 스포츠 시설과 도서관까지 갖추고 있다. 정밀로 멘스 사나 인 코포레 사노^{Mens sana in corpore sano}(건강한 육체에 건전한 정신이 깃든다!)인 것이다.

로마 초기의 관습을 연구한 이들의 주장에 따르면, 로마인들이 팔과 다리를 매일 씻었지만 …몸 전체는 한 달에 세 번만 닦았다고 한다.

- 세네카, 《루킬리우스에게 보내는 편지》 86

로마 속으로 한발 더

트라야누스 목욕장은 100,003제곱미터에 달하며 때로는 천 명이 넘는 사람을 한꺼번에 수용하기도 했다. 주요 물탱크는 2백만 갤런(757,082,357리터 – 옮긴이)의 물을 저장할 수 있다.

꼭 가야할 곳

로마 산책길 ────────────

팔라티노 언덕, ──────────
테베레 강 연안,
캄푸스 마르티우스

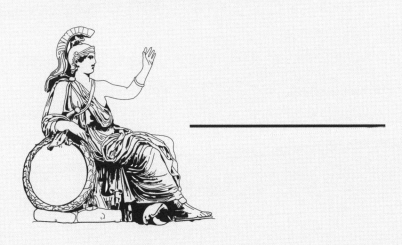

로마에서는 산책을 순수하게 즐길 수가 없다. 수많은 이들이 같은 길을 걷기 때문이다. 한창 혼잡한 시간에는 대로가 사람들로 가득 차기 때문에 위험을 무릅쓰고 옆길로 피할 수밖에 없을 것이다.

좁고 구불구불한 길을 4륜 마차가 지나간다. 갑자기 멈춰선 소몰이꾼의 입에서 이에 경쟁하듯 저주 섞인 목소리가 나온다. …하지만 우리는 서둘러야 한다. 앞으로는 밀려오는 인파에 가로막히고 뒤로는 빽빽한 한 무리의 사람들에게 밀린다. 한 남자가 팔꿈치로 나를 찌르고 다른 남자는 딱딱한 가마채로 나를 찌른다. 누군가 내 머리에 판자를 쾅 하고 내려치고 다른 누군가는 술통으로 나를 친다. 내 다리는 진흙투성이다(운이 좋다면 진흙일 것이다). 얼마 안 가 거대한 발이 나를 짓밟고 군인의 징을 박은 부츠가 내 발가락을 밟는다.

- 유베날리스, 《풍자시집》 3.236-7, 243-8

하지만 태양빛을 받은 갈색 벽돌이 금빛으로 물들고 비둘기들이 붉은 타일 지붕 아래로 옹기종기 모여드는 조용한 시간에 방문할 경우 로마는 황홀한 도시로 다가올 것이다.

팔라티노 언덕

첫 번째 산책길에서는 아직도 공사 중인 건물과 지어진 지 이미 오래된 건물들을 지나게 된다. 팔라티노 언덕은 황제의 거처이기 때문에 여러분을 수상쩍게 여기는 경비병에 의해 몇 번이나 검문을 받게 될 것이다. 그곳을 지나가는 이유에 대해 확실한 설명을 준비하기 바란다. 팔라티노 언덕에는 수많은 신전이 위치하기 때문에 종교적인 목적에 그곳을 방문 중이라고 말할 수도 있다. 사실 일부 종교 집단은 로물루스와 레무스가 태어나기 전부터 이 언덕에 자리 잡고 있었다.

칼리굴라 황제는 보통 형제 신들(카르토르와 폴룩스) 사이에 앉아 있곤 했다. 그는 그들을 모시는 신전을 자기 집 앞마당으로 바꾸었고 신전을 방문하는 이들의 흠모를 사기 위해 제물을 바치곤 했다.
⟶ 수에토니우스, 《칼리굴라》 22

(엘라가발루스는) 아주 아름다운 여성들이 외발 수레를 끌게 했다. …그는 아무 것도 걸치지 않은 채로 수레를 몰았고 여성들 역시 벌거벗은 상태였다.
⟶ 아논, 《엘라가발루스의 황제본기》 29.2

팔라티노 언덕의 북쪽 경사로에서 출발해보자. 티투스 개선문을 등진 채 클리부스 팔라티노라 불리는 고대 거리를 따라 걸으면 된다. 이 길은 황실 궁정으로 향하는 조신과 탄원자들로 붐빌 것이다. 계약을 따내려는 상인들과 이미 궁궐에 물건을 납품하는 지역 상인들도 있다. 가장 먼저 네로의 크립토포르티쿠스에 들려보자. 크립토포르티쿠스는 반 지하에 위치한 회랑으로 한여름에도 시원하다. 이 회랑은 치장 벽토로 화려하게 장식되어 있으며 황제는 이 회랑 덕분에 호화로운 황금의 집(현재는 콜로세움을 짓기 위해 철거된 상태다)으로 편안하게 이동할 수 있었다. 이제 팔라티노 언덕에 최초로 자리 잡은 거대한 궁궐, 도무스 티베리아나 쪽으로 방향을 틀어보자. 이 궁궐은 언덕 서쪽의 상당 부분에 걸쳐 있는데, 칼리굴라 황제가 이 궁궐을 더욱 확장시킨 결과 궁궐의 일부는 현재 카르토르와 폴룩스 신전 근처로 포룸까지 닿아 있다.

도무스 티베리아나 너머로는 마그나 마테르(위대한 어머니) 신전이 있다. 이 신전으로 가는 길에 로마에서 가장 오래된 지역을 지나게 되는데, 바로 로물루스의 움막이다. 초가지붕과 진흙 벽으로 만든 이 투박한 움막은 화려한 궁궐 사이에서 완전히 인공적인 건물처럼 보이지만 훗날 고고학 발굴 결과 로물루스가 아내 헤르실리아와 팔라티노 언덕에 살았다고 전해지는 기원전 8세기에 이곳에 정말로 정착지가 있었다는 사실이 밝혀졌다.

마그나 마테르 신전은 오크 나무 수풀 한가운데 우뚝 솟은 연단 위에 서 있다. 커다란 검은 돌(운석으로 여겨짐)의 형태인 이 여신은 기원전 204년, 한니발을 상대로 한 전투 도중 동방에서 로마로 옮겨졌다. 이 여신을 기리는 메갈레시아 축제 기간 동안, 반대편 연단에서는 연극이나 경기가 열린다. 이 여신을 숭배하는 거세된 자들, 갈리 galli는 여성스러운 옷과 보석으로 자신을 치장하는데, 로마인들은 이들에게 매력을 느끼는 동시에 이들을 혐오한다. 이 여신을 숭배할 경우 황홀경을 누리는 한편 고통에 무감각해진다고 한다(거세하는 과정에 도움이 될 것이다).

팔라티노 언덕의 정중앙에는 한 때 아우구스투스 황제가 거처하던 도무스 아우구스타나가 있다. 아우구스투스가 자리 잡기 전에

244

도 수많은 로마 엘리트 계층이 팔라티노 언덕에 살았다. 키케로와 마르쿠스 안토니우스가 이곳에 살았으며 티베리우스 황제는 기원전 42년 이 언덕에서 태어났다. 하지만 팔라티노 언덕은 아우구스투스 황제의 날로 확장되는 궁전과 아폴로 신전 같은 사원으로 점차 잠식되기 시작했다. 빛나는 흰색 대리석으로 만든 휘황찬란한 신전에는 금과 상아로 만든 문이 달려 있으며, 내부는 보물을 비롯해 티모시우스(그리스의 조각가—옮긴이)의 디아나 조각상과 스코파스(그리스의 조각가이자 건축가—옮긴이)의 화려한 아폴로 조각상 같은 값진 조각상들로 가득차 있다. 이 신전은 아우구스투스의 궁궐과 밀접한 연관이 있는데, 황제가 즐겨 찾던 개인 서재에서는 이 신전과 키르쿠스 막시무스가 상당히 잘 보인다.

도미티아누스 황제는 훗날 아우구스투스 황제의 궁궐을 크게 개조했다. 평판이 좋지 않았던 도미티아누스는 그의 뒤를 노리는 암살범을 금세 알아챌 수 있도록 잘 닦은 석조 거울들을 현관 지붕의 기둥에 설치해 놓기도 했다(하지만 이는 별로 효과가 없었고 그는 서기 96년에 암살되었다). 아우구스투스의 궁궐 바로 너머로 그의 아내 리비아가 거주하던 별채가 위치한다. 이 집에서 나왔다고 전해지는 아름다운 프레스코화 몇 점은 2천년이 지난 이후에도 로마 박물관에 전시되어 있다.

이 궁궐에서 보다 현대적인 구조물은 언덕의 서쪽에 위치한다. 중앙에서 또는 가운데서 분수가 뿜어져 나오는 주랑, 근면한 노예들이 가꾸는 작은 정원, 값진 조각품으로 장식된 대리석 복도, 바다경치와 신화적 장면이 담긴 프레스코화로 덮인 작은 벽돌 건물 등이다. 황실 관계자들은 점토판과 파피루스 두루마리를 허둥지둥 넘기고, 우아하게 차려입은 채 투덜거리는 귀족들은 황제의 부름을 받기를 기다리는 초조한 탄원자들을 오만한 태도로 바라본다.

이 탄원자들은 공회당에서 그들의 신과 황제를 알현하게 되는데, 거대한 조각상이 일렬로 서 있는 공회당의 한쪽 끝에는 황제의 옥좌가 높이 솟아 있다. 황제와 조금 더 친분이 있는 이들은 공회당 내부에 위치한 황실 대회의실에서 황제를 알현하거나 국영 식당인 체나티오 요비스^{coenatio Iovis}에서 황제와 저녁식사를 한다.

궁궐에서부터 이제 산책길은 넓은 열주랑을 비롯해 도미티아누스 황제가 자신을 지키는 신 미네르바에게 바친 작은 신전으로 이어진다. 이 산책길은 황제가 비교적 아무의 방해도 받지 않고 휴식을 취할 수 있었던 우아하고 안전한 정원(훗날 시리아 황제 엘라가발루스가 드물게 자주 찾던 곳으로 추정된다)을 감싸는 긴 벽을 지난다.

이제 황제가 집에서도 경기를 관람할 수 있도록 지은 키르쿠스 막시무스가 내려다보이는 거대한 인공 연단을 피해 동쪽으로 우회해보자.

언덕 내리막길에서는 여전히 공사가 진행되고 있다. 리비아 목욕장 확장 공사뿐만 아니라 더 많은 목욕장을 건설하기 위한 공사다. 산책길은 클라우디아 수도 아치 아래에서 끝이 난다. 이제 왼쪽으로 콜로세움이 보이며 오른쪽으로는 키르쿠스 막시무스가 보인다. 여기서 조금만 걷다보면 보아리움 포룸에 당도한다. 테베레 강을 따라 이어지는 산책길이 시작되는 곳이다.

로마 속으로 한발 더

'궁전palace'이라는 단어는 라인란트 팔라티네이트^{Rhineland} Palatinates(독일 남서쪽에 위치한 주―옮긴이)를 거쳐 결국 팔라 티노 언덕에서 유래했다.

팔라티노 언덕은 높이가 약 70미터다.

소문에 의하면 로물루스가 자신이 언덕 위에 지은 벽을 조롱했 다며 레무스를 죽였을 때 로마 최초의 살인자가 팔라티노 언덕에 나타났다고 한다.

팔라티노 언덕의 방어시설은 본래 사각형이었고 여기에서 로 마의 고대 이름인 로마 콰드라타^{Roma Quadrata}(사각형의 로마)가 탄생했을 것이다.

로마의 두 번째 왕인 누마는 팔라티노 언덕 남쪽 경사면에서 에게리아라 불리는 님프에게 구애했다고 한다.

훗날 로마 제국의 관료들은 팔라티니^{palatini}라 불리었다.

테베레 강 연안

보아리움 포룸의 혼잡한 시장에서 출발해 보자. 소음과 냄새만으로 알 수 없다면 그 옆에 위치한 청동 황소상을 보아라. 이곳이 로마의 주요 가축 시장이라는 것을 알 수 있을 것이다. 이 시장은 아벤티노 언덕에서 시작되는 주요 도로인 클리부스 푸블리쿠스와 포룸 사이에 위치하며 팔라티노 언덕 남쪽과 키르쿠스 막시무스 계곡에서 오는 사람들도 지나기 때문에 늘 번잡할 수밖에 없다. 강과 면한 쪽에는 사각형 모양의 방파제가 오스티아에서 오는 바지선들이 하역하는 엠포리움의 부두를 감싸고 있다. 게으름뱅이와 소매치기 무리들은 새로이 도착하는 사람들을 눈여겨보고, 항만 노동자는 바지선의 짐을 포룸과 아벤티노 언덕 사이에 위치한 창고로 옮기는 일을 따내기 위해 주위를 어슬렁거린다. 시장을 돌아다닐 때에는 뿔에 건초가 묶여 있는 가축들을 주의하기 바란다. 상당히 사나운 짐승들이기 때문이다.

　　시장 끝까지 가면 로마에서 가장 오래된 다리인 수블리키우스 다리가 있다. 이곳에서 호라티우스는 에트루리아 군대에 용감하게 맞섰다고 한다. 이제 막 꽃피기 시작한 로마 공화국을 전복시키려 한 타르퀴니우스 왕이 이끄는 군대였다. 로마의 사제는 이 다리와의 연관성 때문에 폰티펙스(폰티프)라 불리며 이 다리에 가해지는 손상은 전부 신이 보내는 신호로 여겨진다. 이 다리는 원래 철이나 석재 없이

우리는 황갈색의 테베레 강의 파도가 에트루리아 해안에서 밀려와 왼쪽(동쪽) 제방으로 향한 뒤 제왕 기념비와 베스타 신전을 전복시키는 것을 보았다.
⋯→ 호라티우스, 《서정시집》 1.2.13-16

당신이 보고 있는 나는 이 제방을 가르며 비옥한 농장을 가로질러 가는, 푸른 물이 흐르는 테베레 강, 이 낙원에서 가장 사랑받는 강이다.
⋯→ 베르길리우스, 《아이네이스》 8.62-64

전부 목재로만 만들어졌는데, 이 다리가 로마의 유일한 다리였을 당시 다가오는 적군에 맞서 쉽게 철거하려면 나무 구조물이 유용했기 때문이다. 오늘날에는 이 다리에 이름을 부여한 나무 말뚝(수불리카 sublica)이 단단한 석재 기단으로 대체되었다.

강을 건넌 뒤에는 오른쪽으로 돌아 테베레 강을 따라 걸어보자. 이 강은 250마일의 여정 끝에 바다와 만난다. 아페닌 언덕에서 시작해 나니아를 지나 라티움 평지까지 이어지는 여정이다. 이제 유속이 상당히 느려진 테베레 강은 토사를 흩뿌려 로마인들이 테베레 노랑이라 부르는 색깔을 띠며 뱀처럼 구불구불 도시를 관통한다. 강의 원활한 흐름을 유지하기 위해 제방을 관리하는(반드시 성공하는 것은 아니다) 담당자의 권한은 한 줄로 늘어선 돌(포메리움을 구축할 때 사용되는 키푸스)들을 따라 한정된다.

서쪽 제방은 인기가 없는 지역으로 바람이 반대 방향에서 불어올 경우 부유한 동네에서는 금지된 무두질 공장의 악취가 바람에 실려 온다. 테베레 강 자체 역시 꽤 고약한 냄새가 날 수 있다. 로마인들은 오수의 상당 부분을 '테베레 강 상류'에 방류하거나 버리며 죽은 개의 사체나 쓰레기, 이따금 인간의 시신까지도 이곳에 버리기 때문이다. 그럼에도 불구하고 로마인들은 이 강에 가끔 기꺼이 몸을 담근다(상류 가까운 곳에 몸을 담그는 것이 더 나을 것이다!). 이는 꽤나 흥미로운 볼거리로 로마에서는 남들 앞에서 알몸을 노출하는 모습을 쉽게 볼 수 없기 때문이다. 키케로는 한 여성에 대해 이렇게 진술했다.

당신은 테베레 강에 정원이 있군요. 그곳에서 온갖 젊은 남자들이
수영을 즐기기 때문에 일부러 그 특별한 곳을 선택했군요.
     – 키케로,《카일리오를 위하여》15(36)

　이제 아이밀리우스 다리 너머 강의 동쪽 제방으로 돌아가 보자.
이 다리는 기원전 142년에 지어진 로마에서 가장 오래된 석조 다리
다. 아우구스투스 황제가 이 다리를 복원했는데, 그의 손에 다시 태어
난 이 아치는 강 중앙에 외로이 선 채로 20세기까지 살아남는다.
　다음 다리가 나타나기 직전, 테베레 강 상류에서 몇 백 야드 떨
어진 곳에 마르켈루스 극장이 있다. 기원전 17년, 아우구스투스 황제
가 요절한 조카 마르켈루스를 기리기 위해 건설한 극장이다. 30미터
높이에 14,000명이 넘는 관객을 수용할 수 있는 이 극장은 로마에서
가장 웅장한 석조 극장이다. 1층 벽에는 각 아치 사이로 가면이 조각
되어 있는데, 아치마다 각기 다른 연극 장르가 담겨 있다. 10개는 희
극, 5개는 비극, 5개는 사티로스 극(고대 그리스연극의 한 장르. 비극이나 희극
과 마찬가지로 고대 그리스의 디오니소스 축제에서 발전된 것으로 비극적인 3부작 다음
에 공연되던 짧고 희극적인 연극 – 옮긴이)이다. 마르켈루스 극장은 지금부터
몇 세기가 지나서 천년이 되면 그동안 요새와 상류층 주거 시설을 거
쳐 결국에는 주거용 아파트가 될 것이다.

　'사람들이 그들의 병들고 지친 노예를 치료하지 못해 아스클레피

오스 섬(테베레 섬)에 놓고 가는 것'을 염려한 글라우디오 황제는
그런 노예는 회복된다 할지라도 전부 자유민이 되도록 놓아주라
고 명령했다.

　　　 - 수에토니우스, 《글라우디오》 25

　이제 다시 테베레 강으로 돌아가 파브리키우스 다리를 건너 테
베레 섬으로 가보자. 자신들의 조상 타르퀴니우스 왕이 멸망한 이후
그와 엮이고 싶지 않았던 로마인들은 왕의 밭에서 난 곡식을 테베레
강에 던져버렸고 강 주위로 토사가 쌓여 결국 섬이 형성되었는데, 이
섬이 바로 테베레 섬이다. 이 섬에서 강물은 나뉘어져 카피톨리노 언
덕의 험준한 돌출부 주위로 흐른다. 수 년 동안 이 섬은 저주받았으며
사회에서 버림받은 사람만이 살만한 곳이라고 여겨졌다. 그러던 중
로마인들이 치유의 신, 아스클레피오스의 조각상을 기원전 292년 로
마로 가져오게 되었다. 하지만 이 신의 신성한 뱀을 실은 배의 안내원
이 도착을 준비하는 동안 뱀이 도망가 버리고 말았다. 뱀은 섬으로 헤
엄쳐갔고 신의 명확한 의도를 존중해 이 섬에 아스클레피오스의 신
전이 세워졌다.
　　그 후 다른 신전들도 지어졌고 249미터에 달하는 이 섬에는 현
재 유피테르, 파우누스를 비롯해 테베레 강의 하신을 모시는 신전들
이 들어서 있다. 강을 가로질러간 뱀의 모험을 기념하기 위해 이 섬은
배 모양으로 지어졌으며 곡선 부분에는 아스클레피오스의 신전이 위
치한다. 이 신전은 늘 붐비는데, 로마에서 병원에 가장 가까운 존재이

기 때문이다(그 이후 섬에는 실제로 병원이 건설된다).

이 섬은 전망이 상당히 훌륭하다. 로마인들이 동틀 녘부터 밤까지 계속해서 몰려드는 바지선에서 물건을 싣고 내릴 선창을 마련하기 위해 강가에 이렇다 할 건물을 짓지 않고 있기 때문이다.

이제 케스티우스 다리(기원전 60세기, 반대편 제방에 위치한 파브리키우스 다리와 동시에 지어졌다)를 건너 이 섬에서 나온 뒤 테베레 강의 상류로 가보자. 하드리아누스 황제의 시신이 안치되어 있는, 로마에서 가장 큰 무덤이 위치한 곳이다.

> 파리안 대리석으로 만든 가장 주목할 만한 모습이다. 이 대리석들
> 은 접합 부위가 보이지 않을 정도로 서로 꼭 맞아 있다. 이 무덤의 4
> 면은 길이가 91미터에 높이가 도시 벽보다도 높다. 상단에는 동일
> 한 대리석으로 아주 훌륭하게 만든 사람과 말 조각상이 놓여있다.
> – 프로코피오스,《고트 전쟁》1.32

무덤 상단에는 4마리의 말이 이끄는 전차를 타고 있는 황제의 거대한 조각상이 놓여 있다. 하드리아누스 황제 이전에 로마 황제들은 보통 아우구스투스의 영묘에 묻혔는데 더 이상 시신을 안치할 공간이 없었다. 따라서 로마가 트라야누스의 기둥 같은 황제의 무덤 표식으로 가득차지 않으려면 황제의 시신을 묻을 수 있는 곳을 마련해야 했다. 마침 서기 134년에 지어진 하드리아누스의 영묘에는 향후 백 년 동안 황제들의 시신을 묻을 수 있을 만큼 공간이 충분했다.

이제 무덤에서 나와 하드리아누스의 기념비를 로마와 이어주는 아이밀리우스 다리를 건너자. 그 앞으로 로마의 마지막 산책길, 판테온과 캄푸스 마르티우스가 보일 것이다.

로마 속으로 한발 더

유죄선고를 받은 이는 갈고리에 걸린 채 거리를 따라 질질 끌려가다가 테베레 강에 던져졌다.

로마의 곡물 무역항인 오스티아는 로마에서부터 테베레 강의 하류를 향해 16마일 뻗어 있다.

아이밀리우스 다리는 이 다리를 장식한 르네상스 시대의 건축가이자 조각가인 베르니니의 조각상의 이름을 따 훗날 천사의 다리로 불리게 된다.

캄푸스 마르티우스

캄푸스 마르티우스는 자연적인 아름다움 외에도 꼼꼼한 설계로 더욱 매력적인 곳이다. 이 경기장의 규모는 실로 놀랍다. 전차 경기를 비롯해 기사들이 온갖 종류의 운동을 할 수 있는 공간이 있을 뿐만 아니라 일반 시민들이 공놀이나 굴렁쇠 돌리기, 씨름을 할 수 있는 곳도 있다. 게다가 사람들이 서로 방해받지 않으면서 온갖 운동을 즐길 수

아우구스투스 황제의 영묘

있을 만큼 널찍하기까지 하다. 경기장 곳곳을 장식하는 예술작품, 일
년 내내 푸르른 경기장 바닥, 강 위로 언뜻 보이는, 제방까지 이어진
언덕 꼭대기, 이 모든 것들 덕분에 경기장은 흡사 무대 배경처럼 보인
다. 눈을 뗄 수 없는 장관이다. 게다가 근처에는 수많은 주랑으로 둘
러싸인 또 다른 지역이 있으며 성역을 비롯해 세 개의 극장, 원형경기
장, 나머지 지역이 그저 교외로 보이도록 만들려는 것처럼 서로 옹기
종기 모여 있는 화려한 신전도 있다.

　　로마인들은 이 경기장을 가장 신성한 곳으로 여기기 때문에 이
곳에 유명 인물들을 묻기로 결정했다. 그 중 강 근처에 자리 잡은 아
우구스투스의 영묘가 가장 주목할 만하다. 이 묘는 흰색 대리석으로
만든 높은 재단 위에 놓인 커다란 흙더미다. 상록수 나무가 무성히 우

거진 이 무덤의 상단에는 아우구스투스 카이사르의 청동 이미지가 새겨져 있으며, 아우구스투스를 비롯해 그의 가족과 친구들의 무덤 아래, 언덕 뒤로는 멋진 산책로를 갖춘 널찍한 성역이 있다.

캄푸스 마르티우스(대부분의 로마인들은 그냥 '캄푸스'라 부른다)는 바티칸 지역 쪽으로 퀴리날레 언덕과 테베레 강 사이에 위치한다. 스트라보가 말했듯, 혼잡하고 시끄러운 도심으로부터 벗어나기 좋은 곳이다. 하지만 최근 들어 건물과 기념비 때문에 공지가 많이 사라졌다.

한 때는 로마의 왕들이 이 지역을 소유했지만 이들이 제명되면서 새로운 공화국은 마르스에게 이 땅을 바쳤다고 한다. 이는 적절한 선택이었다. 지금도 젊은이들은 이곳에서 교육관의 꼼꼼한 지도하에 곧 로마의 기병으로 선보일 동작들을 연습하기 때문이다. 임무를 수행하기에 너무 늙었다고 여겨졌던 연로한 마르티우스 장군이 또 다른 군대를 지휘하겠다는 희망에 군사 연습을 함으로써 수치를 겪었던 곳이 바로 이곳이다. 공화정 시기에 로마인들이 고위 정무관을 선출하고 평화나 전쟁에 관해 투표하기 위해 모이던 곳도 바로 이곳이다. 로마인들은 캄푸스가 포메리움 바깥에 위치하기 때문에 도시로 들어올 수 없었던 사절단을 이곳에서 만나기도 했다.

율리우스 카이사르의 숙적이 기원전 55년 지은 폼페이 극장에서 출발해보자. 이 극장의 정원과 주랑에서 한, 두 시간 정도 시간을 갖고 상단에 놓인 신전을 감상해 보자. 이 극장의 건설을 가능하게 만든 신전이다. 이 극장이 건설되었을 때 로마에서는 석조 극장이 금지되었다. 그래서 건축가는 극장의 석조 좌석을 신전의 계단처럼 보이게 만들었다(책 앞부분의 사진 IV와 V 참고). 그 결과 이 작은 신전에는 세상에서 가장 거대한 계단이 있다. 만 명이 넘는 사람이 이 '계단'에 앉아 그 아래 무대에서 펼쳐지는 공연을 관람할 수 있기 때문이다.

시간이 충분하다면 경기장의 남쪽 끝에 위치한 키르쿠스 플라미니우스를 찾아가고 시간이 없다면 지역 곳곳에 흩어져 있는 수많은 사원을 둘러보도록 하자. 마르스 신전과 고대 전쟁의 여신인 벨로나를 비롯해 제국의 다양한 사람들이 모시는 수많은 이국 신의 신전을 찾아볼 수 있다. 로마인들의 독실함 때문에 로마 내에는 허락되지 않는 신들이다.

이제 아우구스투스의 영묘 앞에 놓인 두 개의 청동 기둥에서 산책을 마쳐야 한다. 아우구스투스는 이 기둥에 레스 게스타에^{Res Gestae} 즉, 자신의 치적을 새겼는데 로마 최초의 황제를 최대한 멋지게 담기 위해 꼼꼼히 편집되었다. 이 무덤은 이집트 양식으로 지어졌다. 아우구스투스가 이집트를 정복하고 알렉산더 대왕의 무덤을 방문한 직후인 기원전 29년에 이 무덤의 설계를 의뢰했기 때문이다. 그 후 수많은 황제가 아우구스투스의 영묘에 묻혔다. 베스파시아누스도 그 중 한 명이었는데, 벽에 나타난 길게 갈라진 틈을 통해 그의 죽음이 예견되었다고 한다.

북쪽에는 또 다른 거대한 오벨리스크가 있는데, 이는 사실 거대한 해시계의 바늘이다. 이 오벨리스크 역시 아우구스투스가 설계했는데 그의 생일에는 오벨리스크의 그림자가 평화의 제단, 아라 파키스를 정확히 가리킨다. 로마의 온갖 조각품 중 단연 으뜸인 작품이다.

평화의 제단은 기원전 9년에 지어졌다. 흰색 대리석 벽이 이 제단을 감싸고 있는데 벽에는 화관과 꽃이 양각으로 조각되어 있다. 그 위에는 로마에 평화를 가져다준 것을 감사하기 위해 행진 중인 황실 가족, 사제, 원로원과 로마인들의 모습이 부조되어 있다. 그리스 조각품의 자연스러운 우아함과 로마다운 장엄함이 조화를 이루고 있는 모습이다. 이 제단은 플라미니아 가도를 따라 놓여 있다. 이 가도를 따라 로마에 입성하거나 로마를 떠나는 이들은 세상의 수도, 로마가 지닌 온갖 멋진 것들을 상징하는 이 암시적인 기념비와 만나게 된다.

로마 속으로 한발 더

캄푸스 마르티우스는 600에이커(2.4제곱킬로미터 – 옮긴이)에 달한다.

투표를 하려고 기다리는 로마인들은 사입타^{saepta} 혹은 '양 우리'라고 불리는 곳에서 대기했다. 이는 투표 장소라기보다는 줄의 경계를 일컫는다.

데베레 상 인근 지역은 초기에 해전 연습을 위한 장소로 사용되었으며 네로 황제 당시 스타그눔 아그리파$^{Stagnum\ Agrippae}$('아그리파의 연못')는 난잡한 수상 파티로 악명 높은 곳이었다.

작가의 말

이 책은 서기 200년경을 배경으로 하지만 300년도 더 된 자료를 바탕으로 한다. 라틴어 번역에 도움을 준 짐 에이트킨 박사와 의견과 조언을 아끼지 않은 조앤 베리 박사, 니콜라스 퍼셀 박사에게 감사의 말을 전하고 싶다. 갈 수 있는 곳이라면 늘 떠나기를 서슴지 않는 여행가 피터와 주디에게도 이 책을 바치고 싶다. 모든 인용구는 직접 번역했으며 일부는 라틴어 비문을 집대성한 《라틴 명문 전집CIL, Corpus Inscriptionum Latinarum》을 따랐다.

그림 출처

저작권: 알테어4 멀티미디어 로마-www.altair4.it 컬러 도판 I-XI

악셀 보에티우스, A.와 워드-퍼킨스, J. B.의 《에트루리아와 로마 건축(Etruscan and Roman Architecture)》(런던, 1970) 89;

영국 박물관 '로마 속으로 한발 더', 185, 224

저작권: 로저 우드/코르비스 177;

D. 스트레더 비스트 99;

뮌헨 국립독일박물관 60;

레이 가드너 사진 233;

샤이예. G의 《황제들의 로마 안에서(Dans La Rome des Cesars)》(저작권: 글레나 출판사, 2004) 46, 176, 표지;

뉴욕 메트로폴리탄 미술관 116(은그릇과 국자);

아퀼라노 박물관. 알리나리 사진 66;

로마 콘세르바토리 박물관 214;

나폴리 국립 고고학박물관. 알리나리 사진 188;

포르토그루아로 국립박물관 158;

콘세르바토리 궁전 누오보 박물관. 알리나리 사진 4;

로마 토를로니아 박물관. 로마 독일 고고학 연구소 사진 41;

오스티아 박물관. 사진보관소 협회 사진 136;

드라즌 토믹 76, 123, 204, 면지의 지도; 터커, T. G의 《네로와 성 바울 시대 로마의 삶(Life in the Roman World of Nero and St. Paul)》(런던, 1910) 95, 102, 116, 183, 222;

www.forumanciantcoins.com 138;

필립 윈턴 254

나머지 선화(線畵)는 전부 드라즌 토믹이 그렸다.

찾아보기

- 책 앞부분에 나온 이미지를 가리키는 경우에는 로마 숫자로 된 그림 번호를 표기했다.

찾아보기

시간여행자를 위한 고대 로마 안내서

1판 1쇄 발행 2018년 7월 31일

지은이   필립 마티작
옮긴이   이지민
펴낸이   전길원
책임편집   김민희
디자인   최진규

펴낸곳   리얼부커스
출판신고   2015년 7월 20일 제2015-000128호
주소   04593 서울시 중구 동호로 10길 30, 106동 505호(신당동 약수하이츠)
전화   070-4794-0843
팩스   02-2179-9435
이메일   realbookers21@gmail.com
블로그   http://realbookers.tistory.com
페이스북   www.facebook.com/realbookers

ISBN 979-11-86749-02-9 03920

이 도서의 국립중앙도서관 출판예정도서목록(CIP)은 서지정보유통지원시스템 홈페이지(http://seoji.nl.go.kr)와 국가자료공동목록시스템(http://www.nl.go.kr/kolisnet)에서 이용하실 수 있습니다. (CIP제어번호 : CIP2018019106)

고대 도시 로마를 즐기기 위한
완벽한 시간여행 가이드

- 간단한 라틴어 회화
- 고대 로마로 들어가는 방법
- 꼭 알아봐야 할 숙박업소와 위생시설
- 사교 행사에서 지켜야 할 예절
- 환전 요령 및 쇼핑할 만한 장소와 품목 추천
- 콜로세움, 키르쿠스 막시무스 등
로마에서 즐길 수 있는 오락거리
- 포로 로마노, 성 베드로 무덤 등 꼭 봐야 할 관광지
- 로마에 왔다면 꼭 들러야 할 공중목욕장
- 위대함이 절정에 달했을 당시의 로마 모습

유례없이 장엄하고 때로는 퇴폐적이며
기념비적인 문명이 살아 숨쉬는 고대 로마—
세상에서 가장 위대한 도시에 온 것을 환영한다!

서기 200년으로 시간여행을 떠나보자.
이국적인 노예 소녀, 이집트 상인, 게르만 용병과 함께
로마 거리를 거닐어 보자.

이 흥미로운 안내서는 서기 200년 고대 로마를 여행하고자 하는 사람에게 필요한 온갖 정보를 담고 있다. 가벼운 몸과 마음, 그리고 상상력을 동원할 준비가 되었다면 지금 당장이라도 고대 로마를 탐험할 수 있다. 여행을 떠나기 전, 지도 속 지명과 간단한 라틴어 회화를 익혀두면 더욱 생생한 여행을 즐길 수 있을 것이다.

바다를 건너 이탈리아로 가는 길과 육로를 통해 로마에 들어가는 길을 따라가며 여행은 시작된다. 자, 이제부터 볼거리가 넘치니 신발끈을 꽉 조이자. 로마의 일곱 언덕을 둘러보려면 꽤 시간이 걸릴 것이다. 길을 따라 걷다 보면 팔라티노 언덕에 위치한 호화로운 황실에서부터 혼잡한 포룸, 웅장한 판테온과 유피테르 신전에 이르기까지 이 영원한 도시의 다채로운 풍경을 눈에 담을 수 있다. 고대에서 가장 큰 도시이자 가장 번화한 이 도시는 전차 경기를 비롯해 검투사가 죽을 때까지 싸우는 콜로세움 경기 등 백 가지가 넘는 볼거리를 제공한다.

도시를 둘러봤다면 로마의 문화를 즐기는 것도 잊지 말자. 화려한 저녁 식사에 갈 때는 어떤 옷을 입고 무엇을 챙겨가야 할지, 어디에 가면 이국적인 향신료를 구할 수 있을지, 나에게 맞는 공중목욕장과 숙박업소는 어디인지 확인하자. 먹어서는 안 되는 음식, 콜로세움에서 앉아야 할 자리에 대해서도 알아보자.

재미있고 이해하기 쉬운 이 안내서는 고대 도시를 방문하는 기분이 궁금한 모든 사람들을 영원히 지속될 듯 번영하던 고대 로마의 한복판으로 데려간다. 이 상상력 넘치는 책은 위대함이 절정에 달했을 당시의 로마를 재구성하기 위해 실제 그곳에서 살았던 이들의 글과 최신 고고학 증거를 활용했다.

값 16,000원
ISBN 979-11-86749-02-9 03920